# a revolução é o freio de emergência

AUTONOMIA
LITERÁRIA

Este livro foi publicado originalmente em francês sob o título *La révolution est Le frein d'urgence - essai sur Walter Benjamin*. Paris: Éd. de l'Éclat, 2019.

Desenho de capa: mural *La Educación* de Miguel Alandia Pantoja (1914 -1975).

*Coordenação editorial*
Cauê Ameni Seignemartin, Hugo Albuquerque e Manuela Beloni
*Tradução*: Paolo Colosso
*Revisão de texto:* Lilian Aquino
*Preparação final e revisão técnica:* Hugo Albuquerque
*Capa:* Rodrigo Côrrea
*Diagramação:* Manuela Beloni

**Dados Internacionais de Catalogação na Publicação (CIP)**
**(eDOC BRASIL, Belo Horizonte/MG)**

L922r Löwy, Michael, 1938-.
A revolução é o freio de emergência: ensaios sobre Walter Benjamin / Michael Löwy; tradução Paolo Colosso. – São Paulo, SP: Autonomia Literária, 2019.
153 p. : 14 x 21 cm

Título original: La Révolution en Frein D'urgence: essais sur Walter Benjamin
ISBN 978-65-87233-05-5

1. Benjamin, Walter, 1892-1940 – Crítica e interpretação. 2.Filosofia. 3. Sociologia. I. Colosso, Paolo. II. Título.
CDD 193

**Elaborado por Maurício Amormino Júnior – CRB6/2422**

Autonomia Literária
Rua Conselheiro Ramalho 945
01325-001 São Paulo - SP
www.autonomialiteraria.com.br

michael löwy

# a revolução é o freio de emergência

## ensaios sobre walter benjamin

tradução de
paolo colosso

1ª reimpressão

2021

Autonomia Literária

# Sumário

Prefácio ... 7

*1. O capitalismo como religião* – Walter Benjamin e Max Weber ... 11

2. Um materialismo histórico com estilhaços românticos – Walter Benjamin e Karl Marx ... 33

3. As afinidades eletivas – Walter Benjamin e Gershom Scholem ... 53

4. Walter Benjamin e o anarquismo ... 65

5. As *núpcias químicas* de dois materialismos – Walter Benjamin e o surrealismo ... 77

6. Cidade, lugar estratégico do conflito de classes – insurreições, barricadas e haussmannização de Paris nas *Passagens* ... *87*

7. Teologia e antifascismo em Walter Benjamin ... 109

8. O ponto de vista dos vencidos na história da América Latina – reflexões metodológicas a partir de Walter Benjamin ... 125

9. A revolução é o freio de emergência – atualidade político-ecológica de Walter Benjamin ... 139

Apêndice: Entrevista de Michael Löwy a Paolo Colosso ... 149

# Prefácio

Descobri Walter Benjamin por volta de 1978, quando comecei a trabalhar no tema do messianismo revolucionário na cultura judaica da Europa Central. Fui surpreendido – no bom sentido – pelas Teses *Sobre o conceito de história* (1940), como conto no livro que consagrei a este documento único, que considero um dos textos mais importantes do pensamento crítico desde as *Teses sobre Feuerbach,* de Marx (1845).[1] No meu itinerário intelectual, há um *antes* e um *depois* dessa *iluminação profana.*

Desde então comecei a ler, estudar, discutir e ruminar muitos outros escritos de Benjamin, tentando sempre compreender seu percurso espiritual e político. Os ensaios reunidos neste volume são produtos dessas tentativas que se estendem sobre dois séculos (o XX e o XXI)! Eles foram, vale lembrar, remanejados e atualizados para esta edição. Como se pode perceber ao ler o sumário, os temas abordados são extremamente diversos, numa leitura bastante seletiva: alguns dos escritos mais importantes ou dos mais conhecidos de Benjamin não são sequer mencionados.

Há um fio condutor – no sentido *elétrico* do termo – nesse conjunto arbitrário, heteróclito e heterogêneo? Talvez. Se

---

1 Michael Löwy. *Walter Benjamin: avertissement d'incendie.* Paris: PUF, 2001. (Ed. brasileira *Walter Benjamin: aviso de incêndio* [Tradução das teses por Jeanne Marie Gagnebin e Marcos Müller]; [Tradução do texto por Wanda Nogueira Caldeira Brant] São Paulo: Boitempo, 2004).

há um denominador comum, uma problemática transversal, uma bússola, seria a *ideia de revolução* em Benjamin. Trata-se, portanto, de uma leitura política de (alguns de) seus escritos? Sim, sob a condição de compreender a política não no sentido habitual – a ação dos Estados, o papel das instituições, as eleições, o Parlamento etc. –, mas nos termos singulares próprios ao autor das Teses: a memória histórica das lutas e das derrotas, a convocação à ação redentora dos oprimidos, inseparavelmente social, política, cultural, moral, espiritual, teológica. Sob essa forma, que não é a dos politólogos, ou dos partidos políticos, ou de gestores da governança, a "política" é apresentada em todas as reflexões de Benjamin abordadas nessa compilação – não somente aquelas sobre Marx, ou sobre o anarquismo, ou o capitalismo, mas também sobre o surrealismo, sobre a teologia, sobre o urbanismo de Haussmann, sobre a natureza como mãe generosa, ou sobre a história da América Latina.

A partir de 1924, com a leitura de *História e consciência de classe* (1923), de György Lukács, e com o encontro com a bolchevique Asia Lacis, o marxismo – ou o "materialismo histórico" – tornar-se-á um componente essencial do pensamento de Benjamin, ou melhor, do seu *Sitz-im-Leben*, seu "posicionamento vital". Ao mesmo tempo, como tentaremos mostrar, a dimensão anarquista não desaparece de seu horizonte intelectual, mas se articula, de diferentes formas, com a herança marxista. É importante inclusive para sua visão romântica do mundo e sua relação profunda com o messianismo judeu, evidenciado por seu amigo Gershom Scholem.

A maioria destes ensaios tem a ver, de uma maneira ou de outra, com sua reinterpretação perfeitamente heterodoxa, altamente seletiva e por vezes maravilhosamente arbitrária. É raro que Benjamin critique Marx. Ele se prende, sobretudo, aos seus epígonos, social democratas ou – depois de 1939 – stalinistas. Uma das raras tomadas de distância explícitas em relação ao autor do *Manifesto Comunista* é de grande importância: ela concerne à nova definição de revolução que propõe Benjamin, como "freio de emergência" de um mundo que corre sobretudo como uma "locomotiva da história mundial". Por isso nós o escolhemos como título para este compêndio.

Isso não quer dizer que os escritos políticos pré-marxistas sejam de interesse menor: um de seus textos mais interessantes, e mais atuais e mais ferozes, é o fragmento "O capitalismo como religião" (1921), perfeitamente estrangeiro, se não hostil a Marx. Nesse texto, Benjamin se refere, sobretudo, a Max Weber, mas penso que se pode situá-lo no universo político-teológico do ateísmo religioso anarquista, próprio, entre outros, a Gustav Landauer, que será tratado aqui.

Esse aspecto "político" está longe de ser seu único centro de interesse. Suas pesquisas filosóficas ou literárias, suas curiosidades, suas paixões são infinitamente diversas: elas incluem não somente o romantismo alemão (sua tese de doutorado) e o drama barroco (tese de doutorado recusada pela Universidade), mas também as teorias da linguagem e da tradução, as lembranças de infância, o cinema, as passagens/galerias parisienses, a moda e, ainda, a literatura de Goethe e Hölderlin a Dostoievski e Brecht, ou as questões relativas ao judaísmo e messianismo – lista evidentemente não exaustiva.

No entanto, se se expurga a dimensão subversiva, revolucionária, insurrecional, como ocorre frequentemente em casos de trabalhos acadêmicos sobre sua obra, perde-se algo de essencial, de precioso, de inestimável, que faz de Walter Benjamin um personagem singular, único mesmo, um cometa em chamas que atravessa o firmamento cultural do século XX, antes de desaparecer em Port-Bou, sob os rios do Mar Mediterrâneo. O objetivo deste modesto livro é contribuir na exposição deste componente explosivo de sua alquimia filosófica.

# I *O capitalismo como religião –* Walter Benjamin e Max Weber[2]

Entre os documentos de Walter Benjamin publicados em 1985 por Ralph Tiedemann e Hermann Schwepenhäuser no volume VI dos *Gesammelte Schriften*, há um que é particular e obscuro, mas que parece ter uma atualidade gritante: "O capitalismo como religião". Trata-se de três ou quatro páginas contendo tanto notas quanto referências bibliográficas; denso, paradoxal, por vezes hermético, o texto não se deixa decifrar facilmente.

Não tendo sido destinado à publicação, Benjamin não tinha, certamente, nenhuma necessidade de deixá-lo legível e compreensível. Os comentários a seguir são uma tentativa parcial de interpretação, baseada mais em hipóteses do que em certezas, deixando intencionalmente de lado certas "zonas de sombreamento".

O título do fragmento é diretamente emprestado do livro de Ernst Bloch, *Thomas Münzer, teólogo da revolução*, publicado em 1921. Na conclusão desse capítulo dedicado a Calvino, Bloch denunciava na doutrina do reformador de Genebra uma manipulação que vai "destruir completamente" o cristianismo e introduzir "elementos de uma nova 'religião', aquela do capitalismo erigido ao *status* de religião

2 Publicado a primeira vez em *Raisons Politiques*, n. 23, agosto de 2006.

(*Kapitalismus als religion*) e que se tornou a Igreja do Deus da Avareza.[3]

Sabemos que Benjamin lerá este livro, pois numa carta a Gershom Scholem de 27 de novembro de 1921, ele escreve: "recentemente, logo em sua primeira visita aqui, [Bloch] me deu as provas completas do *Münzer* e eu comecei a lê-lo".[4] Parecia, portanto, que a data da redação do fragmento não seria de "meados de 1921 ou mais tarde", como indicado pelos editores, mas sim "fim de 1921". Aliás, Benjamin não partilhava em nada com a tese de seu amigo sobre uma traição calvinista/protestante do verdadeiro espírito do cristianismo.[5]

O texto de Benjamin é, evidentemente, inspirado na *Ética protestante e o espírito do capitalismo*, de Max Weber. Este autor é citado duas vezes: de saída, no corpo do documento, e em seguida, nos anexos bibliográficos, onde se encontram igualmente mencionadas a edição de 1920 de *Gesammelte Aufsätze sur Religionssoziologie*, assim como a edição de 1912 da obra de Ernst Troeltsch, *Die Soziallehren der christlichen Kirchenund Gruppen*, que, sobre a questão da origem do capitalismo, defende teses sensivelmente idênticas às de Weber.

No entanto, como veremos, o argumento de Benjamin vai bastante além de Weber e, sobretudo, ele substitui sua

---

3 E. Bloch. *Thomas Munzer, théologien de La revolutión*. Paris: UGE, "10/18", 1964, trad. de Maurice Gandillac, p. 182-183. Na segunda edição, Bloch substituiu "Igreja de Satã" por "Igreja do Deus da Avareza", a Église de Mammon". (Ed brasileira: *Thomas Munzer, teólogo da revolução*. São Paulo: Tempo Brasileiro, 1973).

4 W. Benjamin. *Gesammelte Briefe*. Frankfurt/Main, Suhrkamp, 1996, Bd II, p. 212-213.

5 Sobre a relação de Benjamin com Bloch a respeito desse assunto, cf. Werner Hammacher, "Schuldgeschichte", in Dirk Baecker, *Kapitalismusals Religion*. Berlim, KulturverlagKadmos, 2003, p. 91-92.

abordagem axiologicamente neutra (*Wertfrei*) por uma fulminante acusação anticapitalista.

"É necessário ver no capitalismo uma religião": é com essa afirmação categórica que se abre o fragmento. Segue-se uma referência, mas também uma tomada de distância em relação a Weber:

> demonstrar a estrutura religiosa do capitalismo – isto é, demonstrar que se trata não apenas de uma formação condicionada pela religião, como pensa Weber, mas um fenômeno essencialmente religioso – nos conduzirá ainda hoje ao desvios de uma polêmica universal desmesurada.

Adiante, a ideia é retomada, mas sob uma forma um pouco atenuada, de fato mais próxima do argumento weberiano: "o cristianismo, na época da Reforma, não favoreceu o advento do capitalismo, ele se transformou em capitalismo". O que não é de todo distante da conclusão da *Ética protestante*. Mais inovadora é a ideia da natureza estritamente religiosa do próprio sistema capitalista: trata-se de uma tese bastante mais radical que a de Weber, mesmo se ela se apoia em elementos desta análise.

Benjamin continua: "Nós não podemos fechar uma teia na qual nós mesmos estamos presos. Mais adiante, entretanto, este ponto será abordado". Curioso argumento! Como esta demonstração o deixaria preso dentro da teia capitalista? De fato, o "ponto" não será abordado "mais adiante", mas logo em seguida, sob a forma de uma demonstração, correta e exata, da natureza religiosa do capitalismo: "não obstante, pode-se desde já reconhecer no tempo presente três traços dessa estrutura religiosa do capitalismo". Benjamin não cita mais Weber, mas, na verdade, os três pontos se nutrem das ideias e dos argumentos do sociólogo, conferindo a eles uma amplitude nova, infinitamente mais crítica, mais radical – social e politicamente, mas também do ponto de vista filosófico (teológico?) – e perfeitamente antagônico à tese weberiana da secularização.

> Primeiramente, o capitalismo é uma religião puramente cultual, talvez a mais cultural de todos os tempos. Nada nele tem significado que não esteja imediatamente em relação com o culto, não há nem dogma específico nem teologia. O utilitarismo ganha aqui, deste ponto de vista, sua coloração religiosa.[6]

Portanto, as práticas utilitárias do capitalismo – o investimento do capital, as especulações, as operações financeiras, as manobras, a compra e venda de mercadorias – são equivalentes a um culto religioso. O capitalismo não demanda adesão a um credo, uma doutrina ou uma "teologia"; o que prevalece são as ações, que se apresentam por sua dinâmica social, com práticas cultuais. Benjamin, um pouco em contradição com seu argumento sobre a Reforma e o cristianismo, compara essa religião capitalista com o paganismo originário, este também "imediatamente prático" e sem preocupações "transcendentes".

Mas o que o permite assimilar as práticas econômicas capitalistas a um "culto"? Benjamin não o explica, mas ele utiliza, algumas linhas abaixo, o termo "adorador"; pode-se, portanto, considerar que o culto capitalista comporta certas

---

6 W. Benjamin, "Le capitalism comme religion", in *Fragments philosophiques, politiques, critiques, littéraires*, editado por R. Tiedemann et H. Schwepenhäuser, traduzido do alemão por Christophe Jouanlanne e Jean-François Poirier. Paris: PUF, 2000. Todas as referências ao fragmento concernem a essas três páginas, por isso me abstenho de citar a página a todo momento.

divindades, que são objeto de adoração. Por exemplo: "comparação entre as imagens de santos de diferentes religiões e as cédulas monetárias dos diferentes Estados".

O dinheiro, sob sua forma de papel-moeda, seria assim o objeto de um culto análogo àquele dos santos das religiões "ordinárias". É interessante notar que, numa passagem de *Rua de mão única*, Benjamin compara cédulas monetárias com fachadas de ferro (*Fassaden-architektur der Hölle*) que traduzem "o santo espírito da seriedade" do capitalismo.[7] Vale lembrar que sob a porta – ou a fachada – do inferno de Dante se lê a inscrição: *Lasciate ogni speranza/voich'entrate* [Vós que entrais, abandonai toda esperança]. Segundo Marx, são as palavras escritas pelo capitalista na entrada da usina, destinadas aos operários. Veremos adiante que, para Benjamin, a *desesperança* é o estado religioso do mundo sob o capitalismo.

Entretanto, o papel-moeda não é senão uma das manifestações de uma divindade outra mais fundamental, no sistema cultural capitalista: o dinheiro, o Deus da Avareza[8] ou, segundo Benjamin, "Plutão [...] deus da riqueza". Na bibliografia do fragmento é mencionada uma virulenta passagem contra a potência religiosa do dinheiro: esta se encontra no livro *Aufruf zum Sozialismus*, do pensador anarquista judeu alemão Gustav Landauer, publicado pouco antes do assassi-

---

7 W. Benjamin, "Einbahnstrasse", in *Gesammelte Schriften (GS)*. Frankfurt/Main, Suhrkamp, 2001, Bd IV, p. 139. (Ed. brasileira: *Rua de mão única*. Tradução de Rubens Rodrigues Torres Filho e José Carlos Martins Barbosa; revisão técnica de Márcio Seligmann-Silva. 6.ed. revista. São Paulo: Brasiliense, 2012. Obras Escolhidas, vol. II).

8 N. de T.: *Dieu Mammon* no original. A expressão se refere ao tema bíblico do pecado capital da Avareza ou ganância.

nato de seu autor por militares contrarrevolucionários. Na página indicada pela nota de Benjamin, Landauer escreve:

> Fritz Mauthner (*Wörterbuch der Philosophie*) mostrou que a palavra "Deus" (*Gott*) é originariamente idêntica à palavra "Ídolo" (*Götze*) e que ambas significam "o fundido", ou "o esparramado" (*Gegossene*). Deus é um artefato feito pelos humanos, que adquire vida, atrai em direção a ele as vidas humanas e finalmente se torna mais poderoso que a humanidade.

O único fundido (*Gegossene*), o único ídolo (*Götze*), o único Deus (*Gott*) ao qual os seres humanos deram vida é o dinheiro (*Geld*). O dinheiro é artificial e é vivo, o dinheiro produz dinheiro e mais dinheiro, o dinheiro tem toda a potência do mundo.

Quem ainda hoje não vê que o dinheiro, que este Deus, não é outra coisa senão um espírito proveniente dos seres humanos, um espírito tornado uma coisa (*Ding*) viva, um monstro (*Unding*), e que ele é o sentido (*Sinn*) tornado louco (*Unsinn*) de nossa vida? O dinheiro não cria riqueza, ele é a riqueza; ele é a riqueza em si; não há outro rico senão o dinheiro.[9]

Certamente, não podemos saber até que ponto Benjamin partilhava desse raciocínio de Landauer, mas a título de hipótese podemos considerar essa passagem mencionada na bibliografia, como um exemplo do que ele entende por "práticas cultuais" do capitalismo. De um ponto de vista marxista, o dinheiro não seria senão uma das manifestações – e não a mais importante – do capital, mas em 1921, Benjamin estava muito mais próximo do socialismo romântico e liber-

---

9 Gustav Landauer. *Aufruf zum Sozialismus*. Berlim, Paul Cassirer, 1919, p. 144.

tário de um Gustav Landauer – ou de um Georges Sorel – do de que Karl Marx e Friedrich Engels.

É apenas mais tarde, no livro das *Passagens*, que Benjamin vai se inspirar em Marx para criticar o culto fetichista da mercadoria e analisar as passagens/galerias parisienses como "templos do capital mercantil". No entanto, há também uma certa continuidade entre o fragmento de 1921 e as notas do grande livro inacabado dos anos 1930.

Portanto, o dinheiro – ouro ou o papel –, a riqueza, a mercadoria seriam algumas das divindades ou ídolos da religião capitalista e sua manipulação 'prática' na vida capitalista corrente constitui um conjunto de manifestações cultuais, fora das quais "nada tem significação".

O segundo traço do capitalismo:

> está estreitamente ligado a esta concreção do culto: a duração do culto é permanente. O capitalismo é a celebração de um culto sem tréguas, não há 'dias comuns', não há dia que não seja de festa, no sentido terrível do emprego da pompa sagrada, da extrema tensão que habita o adorador.

É provável que Benjamin tenha se inspirado nas análises da *Ética protestante* sobre as regras metódicas de comportamento do calvinismo/capitalismo, o controle permanente sobre a condução da vida, que se exprime notadamente na "valorização religiosa do trabalho profissional no mundo – este que é exercido *sem descanso, continuamente e sistematicamente*".[10]

---

10 Max Weber. *L'éthique protestante et l'esprit du capitalisme*. Paris: Gallimard, 2001, p. 235. Grifos do autor. (Ed. brasileira: *A ética protestante e o espírito do capitalismo*. Tradução de José Marcos Mariani de Macedo. São Paulo: Cia. das Letras, 2004.)

Sem descanso, sem tréguas: a ideia de Weber é retomada a seu modo por Benjamin, quase termo a termo, mas não sem ironia, citando a permanência dos "dias de festa": de fato, os capitalistas puritanos aboliram a maior parte dos feriados católicos considerados como estímulo à ociosidade.

Portanto, na religião capitalista, cada dia assiste ao emprego da "pompa sagrada", isto é, os rituais da Bolsa ou da Fábrica, enquanto os adoradores seguem, com angústia e uma "extrema tensão", a ascensão ou a queda do curso das ações. As práticas capitalistas não conhecem pausa, elas dominam a vida dos indivíduos da manhã até à noite, da primavera ao inverno, do berço ao túmulo.

Como bem observa Burkhardt Lindner, o fragmento atribui a Weber a concepção do capitalismo como sistema dinâmico, em expansão global, impossível de ser freado e ao qual não se pode escapar.[11]

Enfim, o terceiro traço do capitalismo como religião é se caráter culpabilizante: "o capitalismo é provavelmente o primeiro exemplo de um culto que não é expiatório (*entsühnenden*), mas culpabilizante". Pode-se perguntar qual seria, aos olhos de Benjamin, um exemplo de "culto expiatório", oposto, portanto, ao espírito da religião capitalista.

Como o cristianismo é considerado pelo fragmento como inseparável do capitalismo, talvez se tratasse do judaísmo, cujo dia sagrado mais importante é, como se sabe, o Yom Kippour, designado geralmente como o "dia do perdão", mas cuja tradução mais literal seria "dia da expiação". Mas não se trata senão de uma hipótese e nada no texto o indica.

---

11 B. Lindner. "Der II.9.2001 oder Kapitalismusals Religion", in Nikolaus Müller Scholl (hrsg), Ereignis. *Eine fundamentale Kategorie der Zeiterfahrung. Anspuchund Aporien*. Bielefeld, 2003, p. 201.

Benjamin continua seu requisitório contra a religião capitalista:

> nisso, o sistema religioso é precipitado num movimento monstruoso. Uma consciência monstruosamente culpada que não sabe expiar, toma conta do culto, não para expiar essa culpabilidade, mas para torná-la universal, para fazê-la entrar à força na consciência e, enfim e, sobretudo, para implicar Deus nessa culpabilidade, para que ele mesmo tenha no fim das contas interesse na expiação.

Benjamin evoca, nesse contexto, o que denomina "a ambiguidade demoníaca da palavra *Schuld*" – a saber, ao mesmo tempo "dívida" e "culpa". Segundo Burkhard Lindner, a perspectiva histórica do fragmento é fundada na premissa de que não se pode separar, no sistema da religião capitalista, a "culpa mítica" e a dívida econômica.[12]

Encontramos em Max Weber raciocínios análogos, que também jogam com esses dois sentidos de *dever:* para o burguês puritano, "o que se dedica a fins *pessoais* é *realocado* a serviço da glória de Deus"; nós nos tornamos ao mesmo tempo culpado e "endividado" com Deus.

> A ideia de que o homem tem deveres para com as posses que lhes foram confiadas e às quais ele está subordinado como um administrador devoto [...] pesa sobre a vida de todos seu fardo frio. Quanto mais aumentam as posses, mais pesado se torna o sentimento de responsabilidade [...] que lhe cabe, pela glória de Deus [...] de fazê-las crescer por um trabalho sem descanso.[13]

---

12 *Ibidem*, p. 207.

13 Max Weber, *Éthique protestante*, p. 230-232.

A expressão de Benjamin "fazer entrar à força a culpabilidade na consciência" corresponde bem às práticas puritanas capitalistas analisadas por Weber.

Mas me parece que o argumento de Benjamin é mais geral: não é somente o capitalista que é culpado e "em dívida" com seu capital; a culpabilidade é universal. Os pobres se sentem culpados pelo fracasso de não terem conseguido fazer dinheiro e estarem endividados: já que o êxito econômico é, para o calvinista, sinal dos escolhidos e da salvação da alma, o pobre é por definição um condenado.

A dívida (*Schuld*) é tão universal que ela se transmite, à época capitalista, de geração em geração; segundo uma passagem de Adam Müller – filósofo social romântico/conservador, crítico impiedoso do capitalismo – citado por Benjamin na bibliografia:

> o infortúnio econômico, que antigamente era de imediato carregado [...] pela geração afetada e morria com o perecimento dela, reside atualmente, desde que toda ação e comportamento se expressa em ouro, em *massas de dívidas* (*Schuldmassen*) cada vez mais sobrecarregadas, que acabam pesando e ficando para a geração seguinte.[14]

Deus se encontra, desse modo, implicado nesta culpabilidade geral: se os pobres são culpados e excluídos da graça e se, no capitalismo, eles são condenados à exclusão social, "é vontade de Deus", ou de seu equivalente na religião capitalista, a vontade dos mercados. Bem entendido, se nos situamos do ponto de vista desses pobres e endividados, é Deus que é culpado, e com ele o capitalismo. Tanto num caso quanto

14 Adam Müller, *Zwölf Redenüber die Beredsamkeit und derem Verfall in Deutschland*, 1816, p. 58.

em outro, Deus é inextricavelmente associado ao processo de culpabilização universal.

Até aqui se percebe bem o ponto de partida weberiano do fragmento, em sua análise do capitalismo moderno como religião provinda de uma transformação do calvinismo; mas há uma passagem na qual Benjamin parece atribuir ao capitalismo uma dimensão trans-histórica que não é aquela de Weber – nem mesmo a de Marx:

> O capitalismo se desenvolveu no Ocidente como um parasita sobre o cristianismo – nós devemos demonstrá-lo não somente a propósito do calvinismo, mas também das outras correntes ortodoxas do cristianismo – de tal modo que no fim das contas a história do cristianismo é essencialmente aquela de seu parasita, o capitalismo.

Benjamin não apresenta de modo algum esta demonstração, mas na bibliografia cita um livro: *Der Geist der Bürgerlich-Kapitalistischen Gesellschaft* (1914), cujo autor, um certo Bruno Archibald Fuchs, esforça-se – em vão – em demonstrar, conflitando com Weber, que as origens do mundo capitalista se encontram já no ascetismo das ordens monásticas e na centralização papal da Igreja Medieval.[15]

O resultado do processo "monstruoso" de culpabilização capitalista é a generalização da *desesperança*:

> há na essência desse movimento religioso que é o capitalismo de perseverar até o fim, até a completa culpabilização final de Deus, até o estado do mundo atingido por uma desesperança que ainda esperamos completamente justa. O que o capitalismo tem de his-

15 Bruno A. Fuchs. *Der Geist der Bürgerlich-Kapitalistischen Gesellschaft. München.* Verlag con R. Oldenbourg, 1914, p. 14-18.

> toricamente extraordinário é que a religião não é mais reforma, mas ruína do ser. A desesperança se estende ao estado religioso do mundo do qual dever-se-ia esperar a salvação.

Benjamin adiciona, referindo-se a Nietzsche, que nós assistimos à "transição do planeta homem, seguindo sua órbita completamente solitária, na casa da desesperança (*Haus der Verzweiflung*)".

Por que Nietzsche é mencionado nesse surpreendente diagnóstico, de inspiração poética e astrológica? Se a desesperança é ausência radical de toda esperança, ela é perfeitamente representada pelo *amor fati*, "o amor do destino", pregado pelo filósofo iconoclasta em *Ecce Homo*: "Minha fórmula para a grandeza do homem é *amor fati:* não desejar nada além senão o que é, nem no futuro, nem no passado, nem nos séculos dos séculos. Não se contentar em suportar o inevitável [...] mas amá-lo".

Certamente, o objeto de Nietzsche não é o capitalismo. É o nietzscheano Max Weber que vai constatar, com sua resignação – mas não necessariamente com amor – o caráter inevitável do capitalismo como destino da época moderna. É o sentido das últimas páginas da *Ética protestante*, onde Weber constata, com um fatalismo pessimista, que o capitalismo moderno "determina, com uma força irresistível, o estilo de vida do conjunto de indivíduos nascidos nesse mecanismo – e não somente daqueles a quem concerne diretamente a aquisição econômica.

Ele compara essa coerção [*contrainte*] a uma espécie de prisão, na qual o sistema de produção racional das mercadorias encerra os indivíduos:

> Segundo as perspectivas de Baxter, a preocupação com os bens exteriores não devia pesar sobre os ombros de seus santos senão como 'um leve manto que se pode retirar a todo momento'. Mas a fatalidade transformou este manto em uma jaula de aço.[16]

Existem diversas interpretações ou traduções da expressão *stahlhartes Gehäuse*: para alguns, trata-se de uma "célula", para outros de uma "concha", como a que carrega um caramujo sob suas costas. Entretanto, é mais provável que Weber tenha emprestado a imagem do poeta puritano inglês Bunyan, que fala de uma "jaula de aço de desesperança".[17]

*Haus der Verzweiflung, Stalhartes Gehäuse, Iron Cage of despair*: de Weber a Benjamin, nos encontramos num mesmo campo semântico, que descreve a impiedosa lógica do sistema capitalista. Mas por que este é produtor de desesperança? Pode-se supor diferentes respostas a essa questão.

Primeiramente porque, como vimos, o capitalismo, ao definir-se como a forma natural e necessária da economia moderna, não admite nenhum futuro diferente, nenhuma saída, nenhuma alternativa. Sua força, escreve Weber, é irresistível e se apresenta como um *destino* (*fatum*) inevitável.

O sistema reduz a grande maioria da humanidade a "condenados da terra", que não podem esperar sua salvação por Deus, pois este também está implicado na exclusão da graça. Culpados de seu próprio destino, ele não tem direito a nenhuma esperança de redenção. O Deus da religião capitalista, o Dinheiro, não tem nenhuma piedade pelos que não têm dinheiro.

---

16 Max Weber, *op.cit.*, p. 222-223.

17 Cf. E. Tiryakian, "The sociological Import of a Metaphor: tracking the source of Max Weber 'Iron Cage'", *in* P. Hamilton (ed), *Max Weber: Critical Assessments*, London, Routledge, 1991, vol.1, 2, p. 109-120.

O capitalismo é a "ruína do ser", ele substitui o ser pelo ter, as qualidades pelas quantidades mercantis, substitui a relações humanas pelas monetárias; os valores morais ou culturais pelo único valor que vale, o dinheiro.

Esse tema não aparece no fragmento, mas está amplamente desenvolvido em suas fontes anticapitalistas, socialistas e românticas, que Benjamin cita em sua bibliografia: Gustav Landauer, Georges Sorel – assim como, num contexto conservador, Adam Müller. É de se notar que o termo utilizado por Benjamin, *Zertrümmerung*, é próximo daquele que traz na Tese IX em *Sobre o conceito de História, Trümmern,* as ruínas suscitadas pelo progresso.

Uma vez que a "culpa" e o endividamento dos humanos com o capital são perpétuos e crescentes, nenhuma expiação é permitida. O capitalista deve crescer constantemente e ampliar seu capital, sob pena de desaparecer frente a seus concorrentes; e o podre, por sua vez, deve emprestar dinheiro para pagar suas dívidas.

Segundo a religião do capital, a única salvação reside na intensificação do sistema, na expansão capitalista, na acumulação de mercadorias, mas isso não faz senão agravar a desesperança. É o que parece sugerir Benjamin com a fórmula que faz desse desespero um estado religioso do mundo, "do qual seria necessário esperar a salvação".

Essas hipóteses não são contraditórias ou excludentes, mas não há indicações explícitas no texto que nos permitam determiná-las. Benjamin parece, ao menos, associar a desesperança à ausência de saída:

A pobreza, aquela dos monges giróvagos,[18] não oferece saída espiritual (tampouco material). Um estado que oferece tão poucas possibilidades é culpabilizante. As "preocupações" são o índice dessa consciência culpada por ausência de saída. As "preocupações" nascem do medo de que não haja saída material, individual nem comunitária.

As práticas ascéticas dos monges não são uma saída, pois elas não colocam em questão a dominação da religião do capital. As saídas puramente individuais são uma ilusão, e uma saída comunitária, coletiva, social está interditada pela religião do capital.

Entretanto, para Benjamin, adversário convicto da religião capitalista, é necessário encontrar uma saída. O autor passa em revista, brevemente, algumas proposições de "saída do capitalismo":

1. Uma reforma da religião capitalista: esta é impossível, tendo em vista sua perversidade inesgotável. "Não se pode esperar pela expiação nem do culto, nem da reforma desta religião – pois seria necessário que essa reforma pudesse se apoiar sobre um determinado elemento dessa religião –, nem da sua abjuração". A abjuração não é uma saída, porque puramente individual: ela não impede que os deuses do capital continuem a exercer seu poder sobre a sociedade. Quanto à reforma, no livro de Gustav Landauer há uma passagem elucidativa próxima daquela citada por Benjamin: "O Deus [dinheiro] já se tornou tão poderoso e onipresente, que

18 N. de T.: Eram denominados "giróvagos" os monges que não pertenciam a nenhuma ordem, tampouco viviam num único mosteiro, mas vagavam e viviam de esmolas. Era também um adjetivo pejorativo para "vagabundos".

não se pode mais aboli-lo por uma simples reestruturação, uma reforma da economia mercantil (*Tauschwirtschaft*)".[19]

2. O super-homem de Nietzsche: para Benjamin, longe de ser um adversário, ele é o primeiro "a ter conhecimento de causa sobre a religião capitalista. [...] O pensamento do super-homem desloca o 'salto' apocalíptico, não na conversão, na expiação, na purificação ou na constrição, mas numa intensificação [...]. O super-homem é o homem histórico que não se converte, que cresceu atravessando o céu. Nietzsche causou dano a essa explosão do céu provocada pela intensificação do humano que é e permanece, do ponto de vista religioso (mesmo para Nietzsche), culpado".[20] Como interpretar esse parágrafo bastante obscuro? Uma leitura possível seria esta: o super-homem não faz senão intensificar a *hybris*, o culto à potência e à expansão ao infinito da religião capitalista; ele não coloca em questão a culpa e a desesperança dos humanos, ele os abandona à própria sorte. É, ainda, uma tentativa de indivíduos que se querem excepcionais, ou de uma elite aristocrática, mas que não faz senão reproduzir a lógica desta (trata-se apenas de uma hipótese e confesso que essa crítica a Nietzsche permanece misteriosa).

3. O socialismo de Marx: "Em Marx, o capitalismo que não se converte torna-se socialismo por interesse e interesse composto que são função da *culpa* (ver a ambiguidade demoníaca deste termo)"[21]. É verdade que Benjamin, nesta época, não conhecia muito de Marx. Ele retoma provavelmente as críticas de Gustav Landauer ao marxismo, que ele acusa que querer estabelecer uma

19 G. Landauer. *Aufruf zum Sozialismus*, p. 145.
20 Corrigi a tradução francesa com base no original alemão, *Gesammelte Schriften*, 1985, Bd. VI, p. 102.
21 N. de T: o termo em francês usado por Löwy é *faute*, tão ambíguo quanto o *schuld* do alemão. Sua polissemia é explicada adiante.

espécie de *Kapitalsozialismus*: segundo este pensador anarquista, para Marx "o capitalismo desenvolve inteiramente (*ganzundgar*) o socialismo a partir de si mesmo, o modo de produção socialista "floresce" (*entblüht*) a partir do capitalismo", notadamente pela centralização da produção e do crédito.[22] Mas não sabemos bem a que faz referência no fragmento a "culpa": *Schuld* significa ao mesmo tempo "dívida" e "culpa". Em todo caso, para Benjamin o socialismo marxiano permanece prisioneiro de categorias da religião capitalista e não representa, portanto, uma saída. Como sabemos, ele vai mudar consideravelmente de opinião a partir de 1924, depois da leitura de *História e consciência de classe* de Lukács.

4. Erich Unger e a saída para além do capitalismo: "superação do capitalismo pela marcha a pé. Unger, *Politik und Metaphysik*, p. 44".[23] O termo *Wanderung* gera confusão e a tradução francesa, demasiado literal, é inadequada. De fato, não se trata de marcha a pé, mas sobretudo de migração ou deslocamento. O termo que Erich Unger utiliza é *Wanderung der Völker*, "migração dos povos". Vejamos o que ele escreve na página 44 do livro citado por Benjamin: "Não há senão uma escolha lógica: seja o fluxo sem atrito, seja a migração dos povos [...] o ataque contra o 'sistema capitalista' é destinado eternamente ao fracasso sobre os lugares de sua validade [...]. Para poder realizar algo contra o capitalismo, é indispensável, antes de tudo, deixar (*heraustreten*) sua esfera de eficácia (*Wirkungsbereich*), pois no interior desta ele é capaz de absorver toda ação contrária." Trata-se, adiciona ele, de substituir a guerra civil pela *Völkerwanderung*.[24] Sabemos que Benjamin nutria simpatia pelas ideias "anarquistas metafísicas" de Erich Unger

22 Cf. G Landauer, *op. cit.*, p. 42.
23 W. Benjamin, "Le capitalisme comme religion", in *Fragments philosophiques, politiques, critiques, littéraires*, p. 113.
24 Erich Unger, *op.cit.*, p. 44.

e que o menciona positivamente em sua correspondência com Scholem. Entretanto, nós não sabemos se ele considerava válida esta "saída para além da esfera capitalista". O fragmento não nos fornece informação a este respeito.[25]

5. O socialismo libertário de Gustav Landauer, autor de *Aufruf zum Sozialismus*. Na página que segue àquela citada por Benjamin no fragmento, o pensador anarquista escreve:

> "O socialismo é o retorno [ou conversão] (*Umkehr*); o socialismo é um novo começo; o socialismo é uma restauração do laço (*Wiederanschuluss*) com a natureza, uma reinfusão do espírito, uma reconquista da relação [...] os socialistas querem, portanto, novamente se agregar em comunas (*Gemeinden*)[...]".[26]

O termo utilizado por Landauer, *Umkehr*, é exatamente o que Benjamin emprega para criticar Nietzsche – cujo super-homem recusa "a conversão, a expiação" (*Umkehr*, *Sühne*) e chega ao céu sem se converter (*Umkehr*) – e Marx, cujo socialismo não é senão o "capitalismo que não se converte (*nichtumkehrende*)". Pode-se supor que o socialismo de Landauer, implicando uma espécie de "conversão" ou "retorno" – à natureza, às relações humanas, à vida comunitária –, é a porta de saída da "casa da desesperança" construída pela religião capitalista. Landauer não está longe de crer, como Erich Unger, que seria necessário deixar a esfera de dominação capitalista para criar, no campo, comunas socialistas. Mas esta

25 Segundo Joachim von Soosten, enquanto Unger busca uma saída do capitalismo no espaço, Benjamin pensa em termos escatológicos temporais. Cf. "Schwarzer Freitag: die Diabolik der Erlösung und die Symbolik des Geldes", in Dirk Baecker (hrsg), *Kapitalismusals religion*, Berlin, Kulturverlag Kadmos, 2003, p. 297.
26 G. Landauer, *op.cit.*, p. 145.

abordagem não estaria em contradição, a seus olhos, com a perspectiva da revolução social: logo após a publicação do livro, ele vai participar, como comissário do povo para a educação na efêmera República dos Conselhos de Munique (1919) – um engajamento corajoso que lhe custará a vida.

Num interessante comentário sobre o conceito de *Umkehr,* no fragmento de Benjamin, Norbert Bolz o interpreta como uma resposta ao argumento de Weber: o capitalismo como destino inevitável. Para Benjamin, *Umkehr* significaria ao mesmo tempo interrupção da história, *Metanoia*, expiação, purificação e... revolução.[27]

Vale frisar, essas são apenas suposições; o fragmento por si só não indica nenhuma saída e se contenta em analisar, com pavor e uma hostilidade evidente, a lógica impiedosa e "monstruosa" da religião do capital.

Nos escritos de Benjamin dos anos 1930, notadamente nas *Passagens*, essa problemática do capitalismo como religião será substituída pela crítica do fetichismo da mercadoria e do capital como estrutura mítica. Pode-se, sem dúvida, mostrar as afinidades entre as duas abordagens – por exemplo, na referência aos aspectos religiosos do sistema capitalista –, mas as diferenças são visíveis: o quadro teórico tornou-se evidentemente o do marxismo.

A problemática de Weber também parece desaparecer do campo teórico construído por Benjamin; contudo, nas Teses *Sobre o conceito de história,* encontramos uma última referência, implícita mas bastante identificável, às teses weberianas. Criticando o culto do trabalho industrial na social-democracia alemã (Tese XI), Benjamin escreve: "Com os

---

27 N. Bolz, "Der Kapitaismos – eine Erfindung von Theologen?", in Dierk Baecker (hrsg), *Kapitalismusals Religion*, p. 205.

operários alemães, sob uma forma secularizada, a velha ética protestante do trabalho (*protestantische Werkmoral*) celebrava sua ressurreição".[28]

Inspirado por Max Weber, mas muito além dos argumentos do sociólogo, o fragmento de 1921 pertence a uma linha do que podemos designar como as *leituras anticapitalistas de Weber.* Trata-se, em grande medida, de um "desvio" [*détournement*]: a atitude de Weber diante do capitalismo não ia além de uma certa ambivalência, combinação de "neutralidade axiológica", pessimismo e resignação. Ora, alguns de seus "discípulos" infiéis vão utilizar os argumentos da *Ética protestante* para desenvolver um anticapitalismo virulento, de inspiração socialista/romântica.

O primeiro desta linha é Ernst Bloch, que havia feito parte, nos anos 1912-1914, do círculo de amigos de Max Weber em Heidelberg. Como vimos, foi Bloch quem "inventou", em seu *Thomas Münzer* de 1921, a expressão "capitalismo como religião", cuja responsabilidade ele atribui ao calvinismo.[29] A testemunha evocada a defender essa acusação é... Max Weber: nos discípulos de Calvino:

> graças ao dever abstrato de trabalhar, a produção progride de modo amargo e sistemático, já o ideal de pobreza, aplicado por Calvino ao consumo, contribui para a formação do capital. A obrigação da poupança se impõe à riqueza, esta última sendo concebida como uma grandeza abstrata como um fim em si mesmo, do qual se exige o crescimento [...]. Como mostrou brilhantemente Max Weber, a economia capitalista em via de desenvolvimento se encontra totalmente livre, desligada de todos os escrúpulos do

28 W. Benjamin, "Über den Begriff der Geschichte", *Gesammelte Schriften*, 1991, Bd I, 2, p. 274.
29 Ernst Bloch, *op.cit.*, p. 182-183.

> cristianismo primitivo e, ainda, do que a ideologia econômica da Idade Média guardava de relativamente cristã.[30]

A análise "livre de julgamento de valores" de Weber sobre o papel do calvinismo na saída do espírito do capitalismo se torna, sob a pluma do marxista fascinado pelo catolicismo que é Ernst Bloch, uma ferrenha crítica ao capitalismo e de suas origens protestantes. Como vimos, Benjamin sem dúvida se inspirou neste texto, sem, no entanto partilhar da simpatia de Bloch pelos "escrúpulos do cristianismo primitivo" ou pelo momento "relativamente cristão" da ideologia econômica do catolicismo medieval.

Encontram-se, também, em certas passagens de *História e consciência de classe* de Lukács, citações de Weber para sustentar sua crítica à reificação capitalista. Alguns anos mais tarde, caberá ao marxista-freudiano Erich Fromm, num ensaio de 1932, se referir a Weber e Sombart para denunciar a responsabilidade do calvinismo na destruição da ideia do direito à felicidade, típica das sociedades pré-capitalistas – como na cultura católica medieval – e sua substituição pelas normas éticas burguesas: o dever de trabalhar, de adquirir e poupar.[31]

O fragmento de Benjamin de 1921 é, portanto, um dos exemplos de leituras "inventivas" – todas saídas de pensadores judeus-alemães de inspiração romântica – que utilizam trabalhos sociológicos de Weber e, em particular, *A Ética protestante e o espírito do capitalismo*, como munições para montar um ataque contra o sistema capitalista, seus valores, práticas e sua "religião".

---

30 *Ibidem*, p. 176-177.

31 Cf. Erich Fromm. "Die psychoanalytische Charakterologie und ihre Bedeuntung für die Sozialpsychologie", 1932, in *Gesamtauschgabe*. Stuttgart, Deutsche Verlag-Anstalt, 1980, vol. 1, p. 59-77.

PS.: Seria interessante comparar "O capitalismo como religião" de Benjamin com trabalhos de teólogos da libertação latino-americanos que, sem conhecer o fragmento de 1921, desenvolveram a partir de 1980 uma crítica radical do capitalismo como religião idolátrica. Segundo Hugo Assmann, é na teologia implícita do paradigma econômico em si mesmo e na prática devocional fetichista cotidiana que se manifesta "a religião econômica" capitalista. Os conceitos explicitamente religiosos que se encontram na literatura do "cristianismo de mercado" – por exemplo, nos escritos de correntes religiosas neoconservadoras – têm apenas uma função complementar. A teologia do mercado, desde Malthus até o mais recente documento do Banco Mundial, é uma teologia ferozmente sacrificial: ela exige dos pobres que ofereçam suas vidas sob os altares dos ídolos econômicos.[32] Encontram-se argumentos análogos no jovem teólogo brasileiro (de origem coreana) Jung Mo Sung, que desenvolve em seu livro *A idolatria do capital e a morte dos pobres* (1989) uma crítica ético-religiosa do sistema capitalista internacional, cujas instituições – como Fundo Monetário Internacional e Banco Mundial – condenam, por sua lógica implacável da dívida externa, milhões de pobres do Terceiro Mundo a se sacrificarem pelo deus "mercado mundial". Para a religião capitalista, "fora do mercado não há salvação. [...] Graças a essa sacralização do mercado, não é possível pensar a libertação em relação a este sistema e uma alternativa. Fechamos todas as portas para a transcendência, tanto em termos históricos (um outro modelo de sociedade para além do capitalismo) quanto em termos de transcendência absoluta (não há Deus além do Mercado)".[33]

---

32 H. Assmann, F. Hinkelammert. *A idolatria do mercado: ensaio sobre economia e teologia*. São Paulo, Vozes, 1989.

33 Jung Mo Sung. *Deus numa economia sem coração – pobreza e neoliberalismo: um desafio à evangelização*. São Paulo, Paulinas, 1992, p. 94.

# 2 Um materialismo histórico com estilhaços românticos - Walter Benjamin e Karl Marx[34]

Walter Benjamin ocupa uma posição única na história do pensamento revolucionário moderno, na medida em que é o primeiro marxista a ter rompido radicalmente com a ideologia do progresso. Seu pensamento tem, com isso, um alcance crítico singular, significativamente distinto das formas dominantes e "oficiais" do materialismo histórico, o que lhe confere uma impressionante superioridade política e intelectual.

Essa singularidade se deve à incorporação de elementos provenientes da tradição messiânica judaica e da crítica romântica da civilização no *corpus* teórico marxista revolucionário. A presença desses elementos é perceptível desde seus primeiros escritos, anteriores ao seu encontro com o marxismo, notadamente em "A vida dos estudantes" (1915), no qual anuncia sua recusa de uma "certa concepção de história" que, "confiante na infinitude do tempo, [...] discerne somente o ritmo mais ou menos rápido segundo o qual homens e épocas avançam sobre a via do progresso". A essa ideologia marcada pelo "caráter incoerente, impreciso, sem rigor, da exigência

34 Publicado pela primeira vez em "Walter Benjamin and Marxism", in *Monthly Review*, vol. 46, n. 9, February 1995.

endereçada ao presente",[35] ele opunha as *imagens utópicas* próprias ao reino messiânico ou à Revolução Francesa.

A primeira menção do comunismo em Benjamin aparece em 1921, em seu ensaio soreliano "Crítica da violência", no qual endossa sem reservas a crítica "radical e, no conjunto, pertinente" do parlamentarismo pelos bolcheviques e anarcossindicalistas.[36] Esse vínculo entre comunismo e anarquismo será um elemento determinante em seu amadurecimento político, conferindo a seu marxismo tintas claramente libertárias.

Mas, como já dito, é apenas em 1924, após a leitura de *História e consciência de classe* (1923) de György Lukács e no encontro com o movimento comunista por meio dos belos olhos da artista e ativista política Asja Lacis – por quem se apaixona em Capri, que o marxismo se torna um componente maior em sua concepção de mundo. Em 1929, Benjamin apresentará ainda a obra de Lukács como um dos raros livros de gritante atualidade:

> a mais acabada das obras da literatura marxista. Sua singularidade se funda sobre a segurança com a qual apreende, de um lado, a situação crítica da luta de classes na situação crítica da filosofia e, por outro, a revolução agora madura, como as condições prévias absolutas e até mesmo o estágio avançado do conhecimento teórico. A polêmica lançada contra esta obra pelas instâncias do Partido Comunista, sob a direção de Deborin, testemunha sua importância.

---

35 "La vie des étudiants", in *Oeuvres I*. Paris: Gallimard, 2000, p. 125.

36 W. Benjamin. "Critique de la violence", in *Oeuvres II*. Paris: Gallimard, 2000, p. 226.

Este comentário ilustra a independência do espírito de Benjamin em relação à doutrina "oficial" do marxismo soviético – ainda que naquele momento exprimisse simpatia pela União Soviética.

Mas a primeira obra de Benjamin na qual o marxismo se faz sentir verdadeiramente é *Rua de mão única,* escrita entre 1923 e 1925 e publicada em 1928. De neorromântica, a crítica benjaminiana do progresso está agora tomada de uma tensão revolucionária claramente marxista, como se vê já no capítulo inicial, "Aviso de incêndio": "Se a eliminação da burguesia não se completou antes de um momento quase calculável da evolução técnica e científica (indicada pela inflação e pela guerra química), tudo está perdido. É necessário cortar o pavio antes que o fogo atinja a dinamite". O proletariado estará à altura de cumprir esta tarefa histórica? A resposta a essa questão "decidirá da persistência ou do fim de uma evolução cultural três vezes milenar".

Contra a vulgata evolucionista de uma certa escola marxista, Benjamin tem em conta que a revolução proletária não é o resultado "natural" ou "inevitável" do progresso econômico e técnico, mas a interrupção crítica de uma evolução que nos leva diretamente ao desastre. Essa postura explica o tom singularmente *pessimista* de seu marxismo: um pessimismo revolucionário que nada tem a ver com resignação ou fatalismo.

Em seu artigo de 1929 sobre o surrealismo – no qual tenta mais uma vez reconciliar o anarquismo e o marxismo –, Benjamin define o comunismo como a *organização do pessimismo,* adicionando essa observação irônica: "Confiança ilimitada somente na I.G. Farben[37] e no aperfeiçoamento pacífico da Luftwaffe[38]".[39] Logo – mas depois de sua morte – estas duas instituições mostrarão a quais fins sinistros pode ser utilizada a tecnologia moderna.[40]

O artigo de 1929 testemunha o interesse de Benjamin pelo surrealismo, que ele considera um avatar moderno do romantismo revolucionário. A perspectiva partilhada entre Walter Benjamin e André Breton pode ser descrita como uma espécie de "marxismo gótico", distinto das correntes dominantes cuja metafísica detinha tendência materialista e a ideologia era contaminada por uma concepção evolucionista do progresso.

O adjetivo "gótico" deve ser entendido em seu sentido romântico, enquanto fascinação pelo caráter fantástico e encantado das culturas e sociedades pré-modernas. O romance gótico inglês do século XVIII e certos autores românticos

---

37 Nota de Edição: *Interessen-Gemeinschaft Farbenindustrie AG*, isto é, "Grupo de Interesses da Indústria de Tintas S.A., o conglomerado monopolista da indústria química alemã – que nasce como indústria de tintas e depois se desdobra – a qual, nos anos 1930, era a quarta maior empresa do mundo e, por seu turno, aderiu de corpo e alma ao Nazismo, fabricando insumos para a guerra e a política de extermínio em campos de concentração. Era um exemplo de onde o rápido "progresso técnico" poderia nos levar. Ao final da Grande Guerra, a IG Farben foi dividida em inúmeras empresas de porte grande, como a Bayer, a Hoechst AG (atualmente parte da Sanofi-Aventis) e a BASF. Muitos dos seus diretores chegaram a ser condenados em Nuremberg por crimes de guerra.

38 N. de E.: Força aérea alemã.

39 W. Benjamin, *Oeuvres II*, p. 132.

40 A empresa química I.G. Farben utilizou o trabalho forçado dos internos aos campos de concentração durante a Segunda Guerra Mundial, produzindo o gás Zyklon B, que servia para exterminar os deportados.

alemães do XIX têm inúmeras referências "góticas" que se encontram no cerne das obras de Benjamin e Breton.[41]

O marxismo gótico destes poderia ser compreendido, portanto, com um materialismo histórico sensível à dimensão mágica das culturas do passado, ao momento "obscuro" das revoltas, ao raio fulgurante que ilumina o céu na ação revolucionária.

Entre 1933 e 1935, logo após uma breve fase "experimental", seguindo o estabelecimento do segundo Plano Quinquenal, alguns dos escritos marxistas de Benjamin parecem se orientar para a adesão às promessas do progresso técnico, defendidos pelo "produtivismo soviético". Os principais textos são: "Experiência e pobreza" (1933), "O autor como produtor" (1934) e, em alguma medida, "A obra de arte na era de sua reprodutibilidade técnica" (1935). Durante esse período, Benjamin não deixará o tema do romantismo, como se percebe pelo artigo de 1935 sobre Bachofen. Na realidade, o pensamento de Benjamin parece relativamente contraditório nesses anos: ele passa muito rapidamente de um extremo a outro – por vezes no interior de um mesmo texto, como em seu célebre ensaio sobre a obra de arte.

Nesses escritos, encontramos ao mesmo tempo um traço indelével de seu pensamento marxista – a fonte do materialismo – e uma tendência "experimental" a levar certos argumentos até suas consequências extremas. Benjamin parece efetivamente tentado pela versão soviética da ideologia do progresso, reinterpretada à sua própria maneira. Certas

---

41 Cf. Margaret Cohen. *Profane Illumination. Walter Benjamin and the Paris of Surrealist Revolution*. Berkeley: University of California Press, 1993, p. 1-2. E Michael Löwy, *L'étoile du matin. Surréalisme et marxisme*. Paris: Syllepse, 2000. (Ed. brasileira: *Estrela da manhã*. São Paulo: Civilização Brasileira, 2002).

interpretações marxistas de Benjamin privilegiam somente estes textos que parecem se aproximar do materialismo histórico "clássico" ou mesmo ortodoxo. Mas, depois de 1936, esse "parêntese progressista" se fecha e Benjamin gradualmente reintroduz o movimento romântico à sua crítica marxista *sui generis* de formas de alienação capitalistas.

Seus textos dos anos 1920 referem-se muito pouco a Marx e Engels. Benjamin parecia pouco a par das ideias de Marx, e sua apropriação do materialismo histórico se dava, sobretudo, pelos escritos de seus contemporâneos, não por meio de seus pais fundadores. É apenas nos anos 1930, em seu exílio em Paris (1933-1940) enquanto refugiado da Alemanha nazista, que Benjamin parece verdadeiramente se voltar a esses textos, como parte de seu trabalho para o livro *Passagens* (*Passagenwerk*).

É difícil afirmar qual a natureza exata desse projeto: deveria se tornar uma forma nova de livro, composto como uma *montagem*, um vasto conjunto de citações adornado por comentários? Ou essa coleção seria apenas matéria-prima para uma obra jamais publicada? Em todo caso, esse projeto testemunha o estudo aprofundado – ainda que altamente seletivo e idiossincrático – de Marx e Engels ao qual Benjamin se dedicará depois de 1934.

Os editores alemães das *Passagens* forneceram uma lista de trabalhos de Marx e Engels citados em seu projeto. Ela compreende: o primeiro volume (I, 1) de *Marx-Engels Gesamtausgabe* (*MEGA*), publicado por David Riazanov em Moscou (1927), cobrindo os escritos de juventude até 1844; o terceiro volume dos *Gesammelte Schriften*, publicado por Franz Mehring em Stuttgart em 1902, que concerne ao período de maio de 1848 a 1850; a primeira parte da *Ideologia Ale-*

*mã* (*Teses sobre Feuerbach*), obra publicada por Riazanov em 1928; e dois volumes de correspondências: as *Ausgewählte Briefe*, publicadas por V. Adoratski em Leningrado em 1934, e o primeiro volume de *Briefwechsel* (1844-1953), publicado na Moscou de 1935. De Marx: *Der historische Materialismus. Die Frühschriften*, incluindo os *Manuscritos econômico-filosóficos* de 1844, publicado por Landshut e Mayer em Leipzig em 1932; O *18 Brumário de Luís Bonaparte*, *A luta de classes na França*, *Crítica do Programa de Gotha*; diversas edições d'*O Capital*, entre os quais uma prefaciada por Karl Korsch (Berlim, 1932); artigos variados publicados postumamente em *Die Neue Zeit* e sobre o materialismo francês do século XVIII, o socialismo de Karl Grün e diversas obras francesas sobre os espiões e os conspiradores; um compêndio de ensaios sobre *Karl Marx als Denker, Menschund Revolutionär*, publicado por Riazanov na Berlim de 1928. De Friedrich Engels: *A situação da classe operária na Inglaterra*, *Ludwig Feuerbach e o fim da filosofia clássica alemã*, o *Anti-Dühring*, *Socialismo utópico e socialismo científico* e, ainda, notas sobre uma viagem de Paris a Berna (*Neue Zeit*, 1898-99).[42]

Essa lista bibliográfica é instrutiva menos por seu conteúdo do que por suas lacunas; dois textos essenciais de Marx e Engels estão ausentes: *O Manifesto do Partido Comunista* (1848) e *A Guerra Civil na França* (1872). São dois textos considerados essenciais pelos marxistas e particularmente pelos comunistas do século XX. Como explicar essas omissões? Benjamin teria descartado o *Manifesto* por conta de sua insistência sobre a missão progressista da burguesia? Em

42 Para uma descrição detalhada das obras e versões originais alemãs utilizadas por Benjamin, cf. *Quellenzeichnis*, in Benjamin, *GS* II, 1983, p. 1293, 1308-1309.

todo caso, uma das únicas referências ao *Manifesto* se encontra num comentário crítico de Korsch: Marx propunha em seu panfleto que a burguesia teria destruído todas as ilusões políticas e religiosas, deixando subsistir apenas "a exploração aberta"; na verdade, diz Korsch, a burguesia teria apenas substituído as formas arcaicas de exploração por uma velada, mais sofisticada e difícil de desmascarar.[43]

Benjamin descreve o objetivo do livro das *Passagens* nos seguintes termos: "pode-se considerar que um dos objetivos metodológicos deste trabalho é fazer a demonstração de um materialismo histórico que aniquilou a ideia do progresso. O materialismo histórico tem precisamente aqui toda razão de se distinguir dos hábitosdo pensamento burguês".[44] Um tal programa visava menos a um tipo de "revisionismo" do que um retorno à Marx ele mesmo, como Korsch havia tentado fazer em sua própria obra.

Um dos aspectos dessa "aniquilação" consiste em reinterpretar as fontes intelectuais de Marx, acentuando a relação deste com as críticas românticas à civilização. Nesse ponto, Benjamin segue Karl Korsch:

> Korsch afirma acertadamente – e podemos pensar aqui em De Maistre e em Bonald: 'a teoria [...] do movimento operário moderno [...] não deixava de carregar as marcas desse 'desabuso' [...] que os teóricos franceses da contrarrevolução se encarregaram de

43 Benjamim, *Paris, capitale du XIX siècle. Le livre des passages*. Trad. de Jean Lacoste. Paris: Le Clerf, 1989, p. 677. (Ed. brasileira: *Passagens*. OrganizaçãoWilli Bolle; colaboração na organização de Olgária C. F. Matos; tradução do alemão de Irene Aron; tradução do francês de Cleonice Paes Barreto Mourão; revisão técnica: Patrícia de Freitas Camargo; posfácios de Willi Bolle e Olgária C. F. Matos. Belo Horizonte: Editora UFMG, 2018).

44 *Ibidem*, p. 477.

proclamar logo que a revolução terminou em seu país, seguidos na sequência pelos românticos alemães. E, pelo intermediário de Hegel, essa ideia devia influenciar fortemente Marx'.[45]

Pode-se duvidar que Marx tenha se interessado ou mesmo lido Joseph De Maistre, que é amplamente citado na seção das *Passagens* sobre Baudelaire. Mas a hipótese geral de que as correntes românticas antiburguesas tenham sido decisivas no pensamento de Marx é bastante pertinente – e consta no esforço de Benjamin visando à reformulação profunda do materialismo histórico.

Essas tendências românticas subterrâneas ganham igualmente destaque nesse outro excerto extraído de Korsch:

> "Fontes de Marx e Engels: 'dos historiadores burgueses da época da restauração francesa, eles retomaram o conceito de classe social e de luta de classes; de Ricardo, o fundamento econômico do antagonismo das classes; de Proudhon, a ideia do proletariado como única classe revolucionária.
>
> A denúncia impiedosa dos ideais liberais da burguesia, a injúria cheia de ódio que toca diretamente o coração, eles a encontraram nos pensadores feudais e cristãos atacando a ordem econômica nova (*Wirtschaftsordning*) [...]. Sismondi, o socialista pequeno-burguês, lhes mostrará como dissecar com perspicácia os insolúveis antagonismos do modo de produção moderno. Seus primeiros companheiros entre os hegelianos de esquerda, Feuerbach em particular, foram fundamentais para a via da filosofia da ação e desse humanismo cuja tônica é perceptível mesmo em seus últimos escritos. Os partidos operários contemporâneos – Democratas franceses e Chartistas ingleses – fizeram com que descobrissem a importância da luta política pela classe operária, enquanto

45 *Ibidem*, p. 681-682.

> os Convencionais, em seguida Blanqui e seus parceiros, ensinaram a doutrina da ditadura revolucionária.
>
> Além disso, eles retomaram de Saint-Simon, Fourier e Owen a noção de socialismo e de comunismo como fim último: a reinversão total da sociedade capitalista; a abolição de todas as classes e do antagonismo das classes; a transformação da instituição estatal em simples gestão da produção".[46]

Essa longa citação ilustra as preocupações centrais de Benjamin em relação a Marx: a *luta de classes e a revolução.* As críticas românticas, dos "socialistas cristãos" a Sismondi, ocupam um lugar preponderante nesta genealogia da teoria marxista.

Um outro argumento desenvolvido por Benjamin para tentar emancipar o marxismo das ilusões do progresso é a crítica à idealização do trabalho industrial. As *Passagens* compreendem numerosas citações de Marx e Engels relativas a essa crítica, notadamente aquela de *A situação da classe operária na Inglaterra*, na qual Engels compara "a fastidiosa uniformidade de um labor sem fim ocasionado por um trabalho mecânico, sempre o mesmo", com o suplício de Sísifo: "como uma rocha, o peso do trabalho recai sempre e sem piedade sobre o trabalhador esgotado".[47]

Além disso, Benjamin retoma nas *Passagens* e em escritos de 1936-1938 sobre Baudelaire a ideia tipicamente romântica – e já destacada em seu ensaio de 1930 sobre E.T.A. Hoffmann – de uma oposição irreconciliável entre a vida e o autômato, apoiada sob o diagnóstico marxista de uma transformação do operário em autômato. Os gestos repetitivos, mecânicos e sem sentido do operário diante da máquina –

---

46 *Ibidem*, p. 681.

47 *Ibidem*, p. 131.

Benjamin se refere aqui a certas passagens d'*O Capital* de Marx – são análogos aos movimentos reflexos dos passantes na multidão, tais como descritos por Hoffmann e Edgar Allan Poe. Operários e passantes, duas vítimas do mundo industrial e urbano, não podem maia viver uma experiência autêntica (*Erfahrung*) ligada à memória de uma tradição cultural e histórica, mas somente uma vida imediata (*Erlebnis*) – e particularmente aquela do "choque" (*Chockerlebnis*) que provoca nestes um comportamento reativo similar àquele dos autômatos "que tiverem suas memórias completamente liquidadas".[48]

O marxismo utilizado por Benjamin nas *Passagens* e em seus últimos escritos constitui uma reinterpretação original do materialismo histórico radicalmente distinto da ortodoxia da Segunda e Terceira Internacionais. Deve ser considerado como uma tentativa de aprofundar e radicalizar a oposição entre marxismo e a ideologia burguesa, em vista de intensificar seu potencial revolucionário e afinar sua carga crítica.

No plano político, Benjamin foi um simpatizante idiossincrático do movimento comunista da segunda metade dos anos 1920 até sua morte. Ele demonstrava um certo apoio a Leon Trotsky e tomou gradativamente distância do marxismo soviético (stalinista) a partir de 1937.[49] Desse engajamento em favor da esquerda radical (*linksradikal*) decorria

---

48 W. Benjamin, *Charles Baudelaire*. Paris: Payot-Rivages, 2002, p. 365. (Ed brasileira: *Charles Baudelaire, um lírico no auge do capitalismo*. Tradução de José Carlos Martins Barbosa e Hemerson Alves Baptista. São Paulo: Brasiliense, 1989).

49 Sobre a relação entre Benjamin e Trotsky, vale conferir os comentários cuidadosos de Esther Leslie: Walter Benjamin, *Overpowering Conformism*. London: Pluto press, 2000, p. 228-234.

logicamente uma avaliação fortemente crítica da social-democracia, cujas ilusões eram confrontadas com as potentes intuições de Marx e Engels.

Seu artigo de 1937 sobre "Eduard Fuchs, o colecionador e o historiador" contém um ataque severo à ideologia social-democrata, que combina marxismo e positivismo, evolucionismo darwinista e culto ao "progresso". O grande erro desta ideologia é ter considerado o desenvolvimento tecnológico apenas sob o ângulo do progresso das ciências naturais, negligenciando a regressão social. Sem nunca ter notado o perigo de as energias desencadeadas pela tecnologia serem colocadas, antes de tudo, a serviço do aperfeiçoamento técnico da guerra. Ao otimismo estreito dos pseudomarxistas sociais-democratas, Benjamin opõe uma perspectiva revolucionária pessimista, referindo-se à "perspectiva da barbárie, sobre a qual Engels em *A situação da classe operária na Inglaterra* e Marx em seu diagnóstico sobre o desenvolvimento capitalista tiveram intuições brilhantes.[50]

Em 1939, logo no início da guerra, Benjamin foi preso como "estrangeiro inimigo" do governo francês. Ele conseguiu escapar do campo de internamento, mas teve de deixar Paris em direção a Marselha em 1940, depois da vitória alemã e a ocupação da França. Nessas circunstâncias dramáticas, ele escreve seu último texto, as Teses *Sobre o conceito de história*, sem dúvida o documento de teoria revolucionária mais importante desde as célebres *Teses sobre Feuerbach* de Marx (1845). Alguns meses mais tarde, em setembro de 1940, após a tentativa frustrada de fuga pela Espanha, Benjamin escolhe o suicídio.

---

50 W. Benjamin, "Eduard Fuchs", in *Oeuvres III*. Paris: Gallimard, 2000, p. 201-202.

Nessas páginas de uma densidade extraordinária se encontram muitos excertos de Marx, mais uma vez como o pensador da *luta de classes* e da *revolução*. A ideologia do progresso – que contamina igualmente o movimento comunista – é anulada em seus fundamentos filosóficos – o tempo vazio e linear –, substituída por uma concepção de tempo messiânico. A relação entre o marxismo e o messianismo nos escritos tardios de Benjamin é evidentemente um objeto polêmico; nos debates acalorados da Alemanha dos anos 1960, alguns insistirão numa dimensão religiosa, outros se apoiarão sob o materialismo marxista.

Com uma ponta de ironia, Benjamin evocava ele próprio (numa carta a Scholem), a sua "face de Janus", mas as críticas não consideravam senão uma face, ignorando a outra. Para superar esse tipo de polêmica, é útil lembrar que o deus romano tinha dois rostos, mas apenas uma cabeça: as faces de Janus são duas manifestações de um único pensamento, que tinha simultaneamente uma expressão messiânica e marxista.

Tomemos o exemplo da primeira tese, a célebre alegoria do jogo de xadrez mecânico:

> É conhecido que deve ter havido autômato construído de tal modo que podia responder, numa partida de xadrez, a cada lance de seu parceiro e assegurar a vitória na partida. Um fantoche vestido em trajes turcos, com um narguilé na boca, sentava-se diante do tabuleiro de xadrez, colocado sobre uma grande mesa. Um sistema de espelhos criava a ilusão de que a mesa era totalmente transparente. Na verdade, um anão corcunda se escondia nela, um mestre no xadrez, que dirigia com cordões a mão do fantoche. Podemos imaginar a reprodução desse mecanismo na filosofia. O fantoche, que denominamos "materialismo histórico", ganhará sempre. Ele pode enfrentar qualquer desafio, desde que tome a seu serviço

a teologia, a qual é hoje reconhecidamente pequena e feia e não ousa mostrar-se diretamente.[51]

Há dois assuntos entrelaçados nessa alegoria: uma crítica da corrente marxista que interpreta a história como um processo mecânico conduzindo *automaticamente* ao triunfo do socialismo; e uma vontade de restaurar o ímpeto explosivo, "teológico" - isto é messiânico - e revolucionário do materialismo histórico, reduzido por seus epígonos ao estado de um miserável *autômato*.

É necessário dimensionar a ideia de que a teologia esteja "a serviço" do materialismo histórico - uma formulação que remete à definição escolástica da filosofia como *ancilla theologiae*. Para Benjamin, a teologia, enquanto memória dos vencidos e esperança de redenção, não é um fim em si mesmo, uma contemplação mística do divino: ela está a serviço da luta dos oprimidos. Algumas dezenas de anos depois da morte de Benjamin, a ideia - intimamente ligada ao marxismo - de que a teologia possa estar a serviço das lutas pela autoemancipação dos oprimidos ganha sobrevida num contexto cultural e histórico completamente diferente: o cristianismo revolucionário na América Latina. Entre Walter Benjamin e essa teologia da libertação há uma afinidade secreta.

A oposição radical entre Marx e a social-democracia alemã é um dos principais *leitmotive* das Teses *Sobre o conceito de história*. A Tese XI estipula, a respeito da questão - já abordada nas *Passagens* - da idealização do trabalho indus-

---

51 Citado em Michael Löwy, *Walter Benjamin: avertissement d'incendie*. Paris: PUF, 2001. (Ed. brasileira: *Walter Benjamin: aviso de incêndio*. Tradução das teses Jeanne Marie Gagnebin e Marcos Müller. Tradução do texto por Wanda Nogueira Calderia Brant. São Paulo: Boitempo, 2004.)

trial, que "nada foi mais corruptor para o movimento operário alemão do que a convicção de nadar no sentido da corrente, o sentido no qual se acreditava nadar. De lá se estava a um passo de se imaginar o trabalho industrial, situado na marcha do progresso técnico, como representativo de uma performance política. Com os operários alemães, sob uma forma secularizada, a velha ética protestante do trabalho celebrava sua ressurreição". O programa de Gotha já contém os traços dessa confusão. Ele define o trabalho como "a fonte de toda riqueza e de toda cultura".

Marx, vislumbrando o pior, objetava a isso argumentando que o homem que possui apenas sua força de trabalho não pode ser senão "o escravo de outros homens [...] que se fizeram proprietários".[52] Leitor atento de Max Weber, Benjamin acreditava que a ética protestante do trabalho estava estreitamente ligada – por uma afinidade eletiva – ao espírito do capitalismo. Benjamin extrai tanto de Weber quanto de Marx sua crítica à postura conformista da social-democracia acerca da produção industrial capitalista.

De uma maneira mais curiosa, Benjamin distingue, na Tese XVIII-A (que não consta na versão final do documento), a secularização marxiana do messianismo daquela secularização dos sociais-democratas:

> Marx secularizou a representação da idade messiânica na representação da sociedade sem classes. E isso foi bom. A infelicidade começou quando a social-democracia fez dessa representação um 'ideal'. O ideal foi definido na doutrina neokantiana como uma "tarefa infinita". E esta doutrina era a filosofia escolar dos partidos sociais-democratas – de Schmidt a Stadler até Natorp e Vorländer.

---

52 *Ibidem*, p. 133.

> Uma vez que a sociedade sem classes estava definida como tarefa infinita, o tempo homogêneo e vazio se metamorfoseou numa antecâmara, na qual se poderia esperar com mais ou menos placidez a chegada de uma situação revolucionária.[53]

Para Benjamin, a secularização tal como se vê em Marx é, ao mesmo tempo, legítima e necessária – à condição de que a carga subversiva do messiânico permanece presente, mas como força oculta (como a teologia do jogador de xadrez materialista). O que deve ser criticado, insiste Benjamin, não é a secularização, mas a forma específica tomada por ela no neokantismo social-democrata, que transforma a ideia messiânica num ideal, uma "tarefa infinita".

Os principais defensores dessa postura pertencem ao grupo da Universidade de Marbourg, notadamente Alfred Stadler, Paul Natorp (dois dos autores mencionados na Tese) e Hermann Cohen. Acima de tudo, Benjamin criticava a *atitude de espera,* o imobilismo desses sociais-democratas de inspiração neokantiana, que esperavam com uma calma divina, confortavelmente retraídos numa temporalidade vazia e homogênea, a chegada inevitável de uma "situação revolucionária" que evidentemente não chegará jamais.

A alternativa que propõe Benjamin é ao mesmo tempo e inseparavelmente histórica e política. Ela emerge da hipótese segundo a qual no menor instante reside um potencial revolucionário. Desse modo, uma concepção aberta da história como práxis humana rica de possibilidades inesperadas e inéditas erige-se contra as doutrinas teológicas que se remetem às "leis da história" ou à acumulação gradual de reformas sob a via tranquila e certa do progresso infinito.

---

53 *Ibidem*, p. 179.

As Teses *Sobre o conceito de história* são explicitamente ancoradas na tradição marxista (o materialismo histórico) que Benjamin pretende retirar das mãos do conformismo burocrático que a ameaça tanto quanto - senão mais - que o inimigo. Como vimos, a relação que Benjamin estabelece com a herança marxiana é altamente seletiva e implica *abandonar* - no lugar de "ajustar contas" ou de criticar abertamente - todos os momentos no qual Marx e Engels possibilitam interpretações positivistas/evolucionistas do marxismo, em termos de progresso irresistível, de "leis da história" e de "necessidade natural".

A concepção benjaminiana não para de contradizer essa noção de inevitável que tem perseguido um bom número de textos de Marx e Engels desde a formulação canônica do *Manifesto*: "Antes de tudo, a burguesia produz seus coveiros. A ruína da burguesia e a vitória do proletariado são igualmente inevitáveis".[54] Nada mais distante de Benjamin do que a crença, sugerida por certas passagens do *Capital*, em uma necessidade histórica de essência "natural" (*Naturnotwendigkeit*).

A obra de Marx e Engels legou, sem nenhuma dúvida, à posteridade as tensões que a atravessaram - entre uma certa fascinação pelo modelo das ciências naturais e uma abordagem dialética e crítica, entre a fé em uma maturação orgânica e quase natural do processo social e uma concepção estratégica da ação revolucionária que capta o instante excepcional. Essas tensões explicam a diversidade de marxismos disputando a herança dos pais fundadores após a morte desses.[55]

---

54 Marx e Engels. *Manifeste Communiste*. Trad. Charles Andler. Paris: Societé Nouvelle de Librairie et d'édition, 1901, p. 41. (Ed. brasileira *Manifesto Comunista*. Ed.Boitempo).

55 Daniel Bensaïd. *Marx l'intempestif*. Paris: Fayard, 1995. (Ed brasileira: *Marx: o intempestivo*. Rio de Janeiro: Civilização brasilei-

Nas Teses de 1940, Benjamin simplesmente coloca de lado as noções da primeira extremidade do espectro marxiano e se inspira na última.

Mas por que Benjamin ataca os epígonos sociais-democratas em vez de ir diretamente aos textos de Marx e Engels que permitiram tais interpretações? Nós podemos presumir uma série de causas – e não necessariamente contraditórias – que motivaram essa atitude: 1) a certeza de que as passagens positivas de Marx seriam secundárias à "verdadeira" teoria; 2) a oportunidade política de colocar Marx contra seus epígonos, que teriam diluído ou traído a mensagem; 3) o desejo, seguindo o exemplo dos mestres Lukács e Korsch, de enunciar sua concepção do materialismo histórico de modo positivo, em vez de simplesmente criticar os trabalhos dos fundadores.

Se as Teses *Sobre o conceito de história* não contêm nenhuma crítica direta a Marx e Engels, as notas que a elas estão associadas nos permitem vislumbrar algumas. Em um momento crucial do texto, Benjamin adota uma distância crítica em relação ao autor de *O Capital*: "Marx dissera que as revoluções são a locomotiva da História mundial. Mas pode ser que as coisas se apresentem de outro modo. Talvez as revoluções sejam o ato, realizado pela humanidade que viaja neste trem, de acionar o freio de emergência".[56]

---

ra, 1999).

56 *GSI*, 3, p. 1232. Benjamin faz referência a uma passagem de Marx em *Luta de classes na França 1848-1850*. Cf. Marx, Engels, Werke. Berlin: Dietz, 1962, p. 85: "Die Revolutionen sind die Lokomotiven der Geschichte". O termo mundial não aparecerá em Marx. Cf. Michael Löwy. *Walter Benjamin: avertissement d'incendie*. Paris: PUF, 2001, p. 123 e p. 151-ss.

Implicitamente, a imagem sugere que, se a humanidade deixar o trem seguir seu curso determinando anteriormente pela estrutura de aço dos trilhos, e nada travar sua trajetória vertiginosa, nós seremos projetados numa catástrofe: a colisão ou o abismo. Essa passagem faz parte das notas preparatórias às Teses que não figuram na versão final do texto.

Uma outra crítica direta diz respeito à noção de "progresso": "Crítica da teoria do progresso em Marx. O progresso é aqui definido como o desenvolvimento das forças produtivas. Mas o ser humano, isto é, o proletariado, também pertence a esse fenômeno. Assim, a questão dos critérios se encontra somente adiada".[57] A bem dizer, este argumento é decisivo, dado que a adesão cega ao desenvolvimento das forças produtivas esteve na origem do produtivismo stalinista e em uma boa parte das interpretações economicistas da Segunda Internacional. Mas o debate permanece travado sob o plano de uma proposição programática e Benjamin não o explora no decorrer do texto.

Definitivamente, a "reformulação"[58] do materialismo histórico nas teses sobre a história supõe uma reapropriação seletiva – e heterodoxa – dos temas marxianos que Benjamin considerava essenciais em seu empreendimento: o Estado como aparelho de dominação de classe, a luta de classes, a revolução social e a utopia de uma sociedade sem classes. O materialismo é, então, reintegrado aos andaimes teóricos de Benjamin, uma vez passado ao crivo da teologia.

Daí resulta um materialismo reformulado de maneira crítica, integrando-o a fulgores messiânicos, românticos, blanquistas, anarquistas e fourieristas ao *corpus* do materialismo

57 *GSI*, 3, p. 1239.

58 N. de T,: do original *La refont*.

histórico. Dito de outro modo, com todos esses materiais, Benjamin fabrica um marxismo novo, herético e radicalmente distinto de todas as correntes – ortodoxas ou dissidentes – que existiam em seu tempo.

# 3 As afinidades eletivas - Walter Benjamin e Gershom Scholem[59]

A história da relação amistosa – mas também, às vezes, conflituosa – entre Gershom Scholem e Walter Benjamin é hoje amplamente conhecida, graças ao emocionante livro de Scholem *Walter Benjamin: história de uma amizade* e à publicação da correspondência que eles mantiveram. Obras como as do saudoso Stéphane Mosès – autor do artigo tornado posfácio na edição francesa dessa correspondência – contribuíram para conhecer melhor as relações complexas entre esses dois personagens simultaneamente próximos e opostos. Por fim, a publicação dos *Jornais íntimos* (*Des Tagebücher)* de Scholem, correspondente aos anos 1913-1920, traz novas peças ao quebra-cabeça.

Como observa Stéphane Mosès, as vidas de ambos formam "dois itinerários distintos", porém "inextricavelmente ligados": amigos na juventude, compartilhando as mesmas preocupações metafísicas e teológicas entre 1915 e 1923, eles vão seguir caminhos divergentes: adesão ao sionismo cultural e partida para Jerusalém por parte de Scholem, que se tornará o grande historiador da mística judaica; e adesão ao marxismo e exílio em Paris para Benjamin.

Se a amizade entre os dois pensadores judeus alemães pôde, apesar dos substanciais desacordos, durar por toda a

59 Primeira publicação em "Walter Benjamin", Patricia Lavelle (ed.), *Cahier de l'Herne*, n.104, 2013, p. 309-313.

vida deles – e até além, pois Scholem não poupou esforços para divulgar, postumamente, a obra do seu amigo, e foi um dos organizadores, junto com Theodor W. Adorno, da primeira edição de obras selecionadas de Benjamin (1955) –, é não somente por razões pessoais, mas também, sem dúvida, por motivos de ordem intelectual e cultural. A nossa hipótese de trabalho é a seguinte: a partir de certos focos de interesse – ou melhor, de paixões – comuns, estabeleceu-se entre os dois uma relação de *afinidade eletiva,* isto é, de parentesco espiritual, de atração mútua, de influência recíproca e de convergência ativa. Esses *focos* são: o romantismo alemão, o messianismo judeu, as utopias libertárias. Porém, essa amizade não era isenta de conflitos; o mais importante foi sem dúvida aquele provocado pela adesão de Benjamin à ideia do comunismo, que seu amigo nunca conseguiu aceitar. Vamos tentar explicar esses quatro momentos.

A referência ao romantismo – não somente como literatura, mas como protesto cultural contra a civilização capitalista moderna, em nome de um passado idealizado – está presente ao longo do itinerário intelectual de Benjamin, e não foi apagado pela descoberta de Marx ou de Lukács. Desde o texto de juventude intitulado *Romantik* (1912) até o último relatório sobre Albert Béguin (1939), incluindo Bachofen, E.T.A. Hoffmann e Johannes von Baader, Benjamin não para de construir, com as peças do caleidoscópio romântico, suas próprias figuras de subversão cultural.

David Biale, autor de uma magistral biografia intelectual de Scholem, escreveu o seguinte: "Em filosofia e em historiografia, a simpatia de Scholem para uma tendência particular do romantismo alemão teve um papel crucial na sua formação intelectual".[60] Não é coincidência que ele criticará a excessivamente racionalista *Wissenschaft des Judentums* (Ciência do Judaísmo) do século XIX, comparando-a com o romantismo alemão, movimento que se distingue por seu "vínculo emocional ao povo vivo" e pela sua "compreensão ativa do organismo de sua própria história".[61]

Os dois amigos compartilham a mesma fascinação pelo poeta romântico alemão Friedrich Hölderlin. Enquanto Benjamin vai dedicar um dos seus primeiros ensaios literários (1915) a dois poemas do autor, Scholem escreve o seguinte, em um trecho surpreendente de *Tagebücher*:

> A Bíblia é o cânone da escritura, Hölderlin, o cânone do ser-aí. Hölderlin e a Bíblia são as duas únicas coisas no mundo que não podem se contradizer.[62]

Essa adesão ao romantismo alemão vai deixar sua marca na interpretação do judaísmo que eles vão ter: é com um filtro romântico que eles vão fazer a leitura da tradição judia, privilegiando sua vitalidade não racional e não institucional, seus aspectos místicos, explosivos, apocalípticos, "antiburguês" (o termo é de Scholem, no seu primeiro artigo sobre a

---

60 David Joseph Biale, *The Daemonic in History, Gershom Scholem and the Revision of Jewish Historiography* (Ph Thesis), Los Angeles, University of California, 1977, p. 171. Durante uma conversa que tivemos em dezembro de 1979, Scholem solicitou com insistência de não usar a Tese de Biale, e sim o seu livro publicado dois anos depois, onde essas referências às suas fontes românticas alemãs foram atenuadas. Ver David Biale, *Gershom Scholem. Cabale et contre-histoire*, trad. Jean-Marc Mandosio, Paris: Édiotions de l'éclat, 2001.

61 G. Schilmen, "Wissenschaft des Judentumseinst und jetzt" (1949), *Judaica 1*, Francfort/Main, Suhrkamp, 1963, p. 147-150.

62 G. Scholem, *Tagebücher II*, 1917-1923, Francfort/Main: Jüdischer Verlag, 2000, p. 347.

*Cabala* em 1919). A dimensão mais importante da espiritualidade judia era, para os dois amigos, o *messianismo*.

No entanto, aqui também a ligação com o romantismo é óbvia: na sua tese de doutorado sobre o conceito de crítica da arte do romantismo alemão, Benjamin proclama que a verdadeira essência do primeiro romantismo alemão "deve ser procurada no messianismo romântico". Ele descobre a dimensão messiânica do romantismo com mais força nos escritos de Schlegel e Novallis, e cita este trecho surpreendente do jovem Friedrich Schlegel: "o desejo revolucionário de realizar o Reinado de Deus é [...] o começo da história moderna".[63]

Qual foi exatamente a contribuição de Scholem à reflexão mística e messiânica do jovem Benjamin durante seus primeiros anos de diálogo (1915-1923)? Uma carta de Scholem para Hannah Arendt (em 1960) traz algumas pistas sobre o tema, referindo-se a um artigo sobre o significado da Torah na mística judia (publicada no mesmo ano por Scholem): "São ideias que constituíam a verdadeira atração para as inclinações cabalísticas de Walter Benjamin, à medida que eu pude explicá-las na minha juventude mais intuitiva do que instruída".[64]

Tratava-se de comentários sobre o tema do Paraíso futuro como volta ao *Eden* perdido – um tema efetivamente presente na obra de Benjamin.

Em uma carta para Scholem em abril do ano 1930, Benjamin resume desta maneira sua dívida com seu amigo:

---

63 W. Benjamin, *Der Begriff der Kunstkritik in der deutschen Romantik* (1919), Gesammelte Schriften, Francfort/Main: Suhrkamp, 1973, Bd. I, I, p. 8-9.

64 G. Scholem à H. Arendt, carta do dia 28 de novembro de 1960, *Arendt Papers*, Library ofCongres, Washington. Agora em H. Arendt - G. Scholem, *Correspondance*, Paris: Seuil, 2012.

"Tomei consciência do judaísmo vivo na forma exata que se encontrou em ti".[65] Entretanto, seria errado conceber essa relação, do ponto de vista do judaísmo, como unilateral: tratava-se de uma troca recíproca, apesar de ser impossível para Benjamin ler os documentos hebraicos no original. Diversos trechos do *Journal* de Scholem testemunham de sua admiração, e até mesmo veneração, por certas afirmações de seu amigo a respeito dos temas teológicos judeus:

> No pensamento do reinado messiânico encontra-se a mais grandiosa imagem da história, sob a qual se elevam relações infinitamente profundas entre a religião e a ética. Walter [Benjamin] disse certa vez: O reinado messiânico está sempre aí. Este julgamento (*Einsicht*) contém *a maior verdade* – mas somente numa esfera que, ao meu conhecimento, ninguém depois dos profetas atingiu.[66]

A adesão deles às utopias revolucionárias está estritamente ligada ao messianismo. A partir de 1915, no seu texto sobre "A vida dos estudantes", Benjamin opunha à amorfa ideologia do progresso o poder crítico de *imagens utópicas,* tais como *a ideia revolucionária no sentido de 1789 e o reino messiânico.* A associação utópica entre messianismo e revolução, que aparece aqui pela primeira vez, tornar-se-á um dos pontos de fuga essenciais de sua perspectiva.

Também remete à utopia o que ele chama, nesse texto, de "espírito tolstoineano", que clama pelo colocar-se a serviço dos pobres, "espírito que nasceu nas concepções anarquistas mais profundas e nas comunidades monásticas cristãs".

---

65 *Correspondance II, 1929-1940*, trad. Guy Petitdemange, Paris: Aubier Montaigne, 1979, p. 34.

66 Gershom Scholem, *Tagebücher II, 1917-1923*, p. 70.

Usando de um atalho tipicamente romântico revolucionário, o passado religioso remete ao futuro utópico, sob a inspiração comum do escritor russo socialista, cristão e libertário.[67]

Scholem e Benjamin partilham da simpatia pelas ideias anarquistas, em particular pelas do socialista romântico/libertário judeu alemão Gustav Landauer, cujo ensaio *La Révolution* (1906) suscitou entusiasmo[68] por parte deles. Em uma entrevista autobiográfica de 1975, Scholem observa: "Minha simpatia para com o anarquismo era, ela também, moral. Eu achava que a organização da sociedade dentro da liberdade absoluta era um mandato divino".[69]

Encontra-se algo parecido no ensaio de 1921 de Benjamin sobre a violência, onde ele estabelece uma equivalência entre a nobre e legítima contraviolência da greve geral, defendida por Georges Sorel e pelos anarcossindicalistas – "que propõe como única tarefa a destruição da violência do Estado" – e a *violência divina*.[70]

Paradoxalmente, é Scholem quem primeiro vai se interessar pelo comunismo: ele redige em dezembro de 1918 um ensaio curto, intitulado "O bolchevismo", que testemunha de uma mistura de fascinação e crítica. Trata-se de uma leitura deste movimento revolucionário do ponto de vista do messianismo. A ideia do bolchevismo, que lhe confere a sua "magia revolucionária", é que "o reinado messiânico somente

---

67 W. Benjamin, "La vie des étudiants", *Oeuvres I*, trad. Maurice de Gandillac; revista por Rainer Rochlitz, Paris: Gallimard, "Folio essais", 2000, p. 125, 131.

68 Segundo Scholem, em *Walter Benjamin. Histoire d'une amitié*, trad. Paul Kessler, Paris: Calmann-Lévy, 1981, p. 21.

69 G. Scholem, *Fidélité et Utopie, Essais sur le judaïsme contemporain*, Paris: Calmann-Lévy, 1978, p. 134.

70 W. Benjamin, "Critique de la violence" (1921), *Oeuvres I*, p. 230.

pode se desenvolver graças à ditadura da pobreza", uma ideia incorreta que chega a Tolstoi.

A Revolução Russa é uma "reação messiânica" contra a Guerra Mundial – uma guerra que tanto Scholem quanto Benjamin tinham denunciado – e consequentemente, "aquele que concorda com a história atual" – o que não é o caso de Scholem – "não pode aderir ao bolchevismo".[71] É possível que Benjamin partilhasse dessas opiniões: segundo Scholem, à ocasião de uma conversa em Paris em 1927, ele teria dito à sua companheira, Dora, referindo-se a discussões sobre o bolchevismo em 1918-19: "Entre Gerhard e eu, as coisas aconteceram assim: nós nos convencemos reciprocamente". Afirmação que Scholem classifica como"memorável", porém não necessariamente exata.[72]

No entanto, ao longo dos anos que seguem, e mais particularmente depois da sua partida na Palestina (1923), Scholem tornar-se-á muito mais reservado – na verdade hostil – em relação ao comunismo; eis porque do seu desapontamento e sua preocupação, quando o seu amigo Walter vem a ficar, a partir de 1924, mais e mais atraído pelo movimento.

Como mencionei anteriormente, Benjamin descobre o marxismo por conta da leitura de *História e consciência de classe* (1923) de György Lukács e do encontro, em Capri com a bolchevique letã (i.e., soviética) Asja Lacis, pela qual ele se apaixona. Suas primeiras reflexões sobre esses temas encontram-se em uma carta de 1924 para Scholem, na qual ele manifesta a sua profunda atração para "a práxis política do comunismo" como "conduta que cria engajamento".

---

71 G. Scholem, "Le bolchevisme" (1918), in *Cahiers de l'Herne. Scholem*, n. 92, Paris, 2009, p. 101. Tradução por Marc de Launay do documento publicado no volume *Tagebücher*, 2000, Bd. II, p. 556-558.

72 G. Scholem, *Walter Benjamin. Histoire d'uneamitié*, p. 188.

Quanto ao livro de Lukács, seu modo de articular teoria e práxis lhe confere uma tal superioridade que "qualquer outra abordagem somente será fraseologia demagógica e burguesa".[73] Como vai reagir Scholem à brusca virada nas ideias do seu amigo? Na sua resposta, ele não esconde suas reservas e seus receios; não sem ironia, ele chama a atenção de Benjamin para o fato de que o livro de Lukács que ele admira tanto foi condenado pelos porta-vozes teóricos do comunismo russo como uma recaída dentro do idealismo burguês... Segundo ele, essa nova opção política é o exato contrário das convicções anarquistas que eles compartilhavam até então.[74]

Mas ele não convenceu Benjamin, que, numa carta de 1926 ao seu amigo, anuncia que ele considera aderir ao Partido Comunista (alemão) – ele não o fará, nem neste momento, nem mais à frente –, sem que isso signifique "renunciar" ao seu anarquismo inicial. Essa abordagem que poderíamos designar como "marxismo libertário" expressa-se também nos ensaios dos anos 1920, como o artigo de 1929 sobre o surrealismo, no qual ele se autodesigna um "observador alemão" colocado em uma situação "extremamente vulnerável" entre "a insurreição anarquista e a disciplina revolucionaria".[75]

Em *História de uma amizade*, Scholem manifesta sua "perplexidade" frente à escolha comunista do seu amigo, que ele interpreta como uma "dissociação", um "conflito" entre dois modos de pensar, metafísico e marxista. Algumas linhas mais à frente, ele fala, desajeitadamente, de "justaposição" – mas também, o que é mais apropriado ainda, de

---

73 W. Benjamin, *Correspondance I, 1910-1928*, p. 325.

74 G. Scholem, *Walter Benjamin. Histoire d'une amitié*, p. 143.

75 W. Benjamin, *Correspondance I*, p. 389 e "Le surréalisme, le dernier instantané de l'intelligentsia européenne" (1929), *Oeuvres II*, p. 113-114.

"imbricação" (*verschränken sic ineinander*) desses dois modos de pensamento.

Melhor, ele reconhece que essa imbricação, mesmo que ela não conduza a um equilíbrio estável entre os dois componentes, "é precisamente o que confere aos trabalhos de Benjamin, inspirados por essa atitude, seu efeito significativo e seu brilho marcado de profundeza que os diferencia de maneira impressionante da maior parte do pensamento e da crítica literária materialistas [...]" – um julgamento que, diga-se de passagem, não deixa de ter pertinência.[76]

Benjamin se comparava frequentemente a um Janus, cujo um dos rostos olha em direção de Moscou e o outro de Jerusalém.[77] Scholem reclama repetidamente desse "rosto de Janus" do seu amigo. Mas o que ele parece esquecer é que o deus romano tinha dois rostos, porém uma só cabeça: materialismo e teologia, marxismo e messianismo são duas expressões – *Ausdrücke*, um dos termos favoritos de Benjamin – de um pensamento único. Um pensamento inovador, original, inclassificável, que se caracteriza pelo que ele chama, em uma carta para Scholem de maio de 1926, de a "paradoxal reversibilidade recíproca" (*Umschlagen*) do político no religioso e vice-versa.[78]

A questão do comunismo também foi abordada na ocasião do encontro deles em Paris em 1927, mas Benjamin se esquiva da discussão, limitando-se a explicar que ele não via contradição entre suas novas ideias revolucionárias e suas

---

76 G. Scholem, *Walter Benjamin. Histoire d'une amitié*, p. 145. Cf. *Die Geschichte einer Freundschaft*, p. 156.

77 Cf. carta para Scholem do dia 14 de fevereiro de 1929, *Correspondance II*, p. 13.

78 W. Benjamin, *Briefe*, Francfort/Main: Suhrkamp, 1966, Bd. I, p. 426.

ideias anteriores. Scholem insiste novamente em 1931 e isso resulta em uma troca de correspondência que ele julga tão importante que a publica em anexo de *A história de uma amizade*.

Na sua carta do dia 30 de março, Scholem pede para o seu amigo deixar a "terminologia materialista" – uma expressão perfeitamente inadequada para dar conta da profundeza do engajamento marxista de Benjamin – a fim de voltar a verdadeiras ideias "metafísicas". Benjamin evita novamente o debate, mas afirma o seu desejo de "pendurar a bandeira vermelha à sua janela", único método de "salientar a sua diferença da burguesia". Na sua resposta, Scholem tenta explicar a opção marxista de seu correspondente em termos teológicos: "o perigo para você vem sobretudo da aspiração à uma comunidade, mesmo que fosse apocalíptica, da revolução [...]".[79]

Se Scholem erra ao qualificar o comunismo de Benjamin como "fraseologia" (carta do dia 30 de março), ele tem toda a razão em sublinhar a continuidade, ao longo da sua vida, das preocupações teológicas e messiânicas. Prova disso é seu artigo sobre Kafka em 1934 – na época da sua maior proximidade com o marxismo soviético! – e suas correspondências sobre o autor do *Processo*, ao longo dos anos 1930, na qual a questão da redenção messiânica ocupa um lugar central.

Uma derradeira explicação sobre o comunismo ocorrerá na ocasião da última visita de Scholem em Paris, em 1938. O professor de Jerusalém – que era perfeitamente ciente dos debates internos do movimento comunista graças ao seu irmão Werner, um comunista dissidente preso e, depois, assassinado pelos nazistas – queria saber se as pessoas do Instituto de Pesquisa Social (*Institut de Recherche Sociale*)

79 G. Scholem, *Walter Benjamin. Histoire d'une amitié*, p. 251-256.

eram "stalinistas ou trotskistas" (ele descobrirá pouco tempo depois, durante uma visita em Nova Iorque, que eles eram "violentamente antistalinistas").

E, sobretudo, ele criticou – não sem razão! – o fato de Benjamin ter hesitado a se posicionar no caso dos Processos de Moscou – diferentemente dos seus amigos Hannah Arendt e Hans Blücher.[80]

O pacto Molotov-Ribbentrop (junho de 1939) colocou um fim às últimas hesitações de Benjamin, como mostra seu testamento filosófico, as Teses *Sobre o conceito de história* de 1940, redigido alguns meses antes do seu suicídio trágico em Port-Bou. Esse documento se distingue pelo lugar central que ocupam os temas messiânicos, estreitamente imbricados com o materialismo histórico. Curiosamente, Scholem comenta bem pouco essas Teses, somente para constatar que elas contêm "postulados novos, audaciosos e de um amplo alcance, formulados a fim de colocar o materialismo histórico sob a proteção da teologia"[81] – e vice-versa, poderíamos agregar!

Mas o mais surpreendente é que Scholem sequer menciona o fato de que foi o seu pensamento que inspirou diretamente a redação do texto. Um documento ao qual eu tive acesso no Arquivo Scholem da Biblioteca da Universidade Hebraica mostra, sem sombra de dúvida, que até o título das Teses era inspirado em um manuscrito de Scholem, do qual Benjamin devia sem dúvida ter conhecimento, chamado *Thesen* über *Den Begriff der Gerechtigkeit* (Teses *Sobre o conceito de justiça*), datado de "1919 e 1925".

---

80 *Ibidem*, p. 235-237. Na verdade, Benjamin tinha se posicionado, mas em escritos íntimos, não destinados à publicação, nos quais ele compara os métodos da GPU soviética com os da Gestapo.

81 *Ibidem*, p. 245.

Ao ler esse texto, nos damos conta de que Benjamin não somente se inspirou do título, como também do conteúdo do manuscrito – por exemplo, o trecho seguinte: "a época messiânica como presente eternal e a justiça do ser-aí *(Daseien des)*, substancial, estão correspondendo (*entsprechensich*). Se a justiça não estivesse aqui, o reinado messiânico não somente não seria, como seria impossível".[82]

Tudo parece indicar que neste momento dramático no qual Benjamin, perseguido pelos nazistas de Vichy e Berlim, tenta repensar o materialismo histórico por meio da teologia, ele vai consideravelmente se alimentar de certos conceitos e ideias de seu amigo de juventude.

A força desse documento não resulta de uma "justaposição" do materialismo e do messianismo, mas da invenção, a partir desses dois elementos, de uma nova concepção, profundamente original. Não podemos explicar a sua abordagem por tal ou tal "influência": os diversos autores que ele cita, as escrituras dos seus amigos, começando pelas de Gershom Scholem, são tantos tijolos com os quais ele constrói um edifício próprio, materiais com os quais ele vai realizar uma operação de fusão alquímica, e assim fabricar o ouro dos filósofos.

---

82 Scholem, *Thesen* über *den Begriff der Gerechtigkeit*, 1919-25, Archives Scholem, Universidade Hebraica de Jerusalém, p. 3, agora em G. Scholem, *Sur Jonas. La Lamentation et Le judaïsme*, apresentado e traduzido por Marc de Launay, Paris: Hermann, 2011, p. 40 (tradução diferente).

# 4 Walter Benjamin e o anarquismo[83]

Benjamin pertence, com seu amigo Gershom Scholem, ao nebuloso grupo de pensadores judeus com sensibilidade messiânica que, no começo do século, serão atraídos pela utopia libertária: Martin Buber, Gustav Landauer, Ernst Toller, Hans Kohn e muitos outros. Sua abordagem se nutre de afinidades eletivas entre messianismo judeu e anarquismo: o desmoronamento das potências deste mundo, a perspectiva restauradora/utópica, a transformação radical mais do que avanço gradual ou "progresso", o catastrofismo.

E como muitos desses intelectuais judeus de tendência libertária - György Lukács, Ernst Bloch, Erich Fromm, Leo Löwenthal, Manès Sperber -, Benjamin descobrira o marxismo depois da Primeira Guerra Mundial. No entanto, diferente desses, ele não vai perder sua inclinação anarquista inicial, mas tentará, de forma explícita até o fim dos anos 1920, e de forma mais implícita em seguida, articular, combinar, fundi-lo mesmo com o comunismo marxista. Essa abordagem é uma das características mais singulares de seu pensamento.

No início de 1914, é numa conferência sobre "a vida dos estudantes" que Benjamin vai fazer referência, pela primeira vez, à utopia libertária. Benjamin opõe as *imagens utópicas*, revolucionárias e messiânicas, à ideologia do progresso li-

---

83 Primeira publicação em *L'anarchie et Le problème Du polilique*. Org. Alfredo Gomez-Muller, Archives Karéline, 2014.

near, disforme e vazio de sentido, que, "confiante no infinito do tempo [...] discerne somente o ritmo mais ou menos rápido segundo o qual homens e épocas avançam sobre a via do progresso". Ele presta homenagem à ciência e à arte livres, "estrangeiras ao Estado enão raro inimigas do Estado", valendo-se de ideias de Tolstoi e de "anarquistas mais profundos".

Mas é, sobretudo, em seu ensaio de 1921, "Crítica da violência", que encontramos as reflexões diretamente inspiradas por Georges Sorel e pelo anarcossindicalismo. O autor não esconde seu menosprezo absoluto pelas instituições estatais, como a polícia ("a forma de violência mais degenerada que se pode conceber") ou o Parlamento ("deplorável espetáculo"). Ele aprova sem reserva a crítica antiparlamentar "radical e perfeitamente justificável dos bolcheviques e dos anarcossindicalistas – duas correntes que ele associa como estando no mesmo campo –, assim como a ideia soreliana de uma greve geral "que determina como única tarefa própria a destruição da violência de Estado". Esta perspectiva, que ele próprio designa pelo termo *anarquista*, lhe parece digna de elogios porque "profunda, moral e autenticamente revolucionária".

Benjamin conseguira um exemplar do livro de Sorel – indisponível na Alemanha – graças a Bernd Kampffmeyer, intelectual anarquista alemão e secretário de Max Nettlau, o grande historiador do anarquismo, que tinha sido recomendado por um amigo em comum, o arquiteto anarquista Adolf Otto. Numa carta de 1920 a Kampffmeyer, Benjamin solicitou uma bibliografia sobre a literatura anarquista referente à violência, "assim como os escritos negativos sobre a violência estatal que os apologéticos opunham à revolucionária".

Segundo Werner Kraft, amigo próximo de Benjamin nessa época, que pude entrevistar em Jerusalém em 1980, o anarquismo de Benjamin tinha uma certa qualidade "simbólica"; ele não estava nem à esquerda, nem à direita, mas "em algum outro lugar". Esta última afirmação me pareceu bem contestável: apesar de seu caráter idiossincrático e sua dimensão religiosa – o messianismo judeu – o anarquismo de Benjamin se situa, sem dúvida alguma, no campo da esquerda revolucionária.

Num texto dessa mesma época, "Para a crítica da violência" (1920-1921), Benjamin é de fato explícito ao designar seu próprio pensamento como *anarquista*:

> A exposição desse ponto de vista é uma das tarefas da minha filosofia moral, pela qual o termo *anarquista* pode certamente ser utilizado. Trata-se de uma teoria que não rejeita o direito moral à violência enquanto tal, mas antes nega toda instituição, comunidade ou individualidade que reclama o monopólio da violência [...].

Entre outros autores anarquistas pelos quais Benjamin se interessa, Gustav Landauer ocupa um lugar significativo. Ele é citado, por exemplo, num fragmento redigido em torno de 1921 e somente publicado em 1985, no *Gesammelte Schriften*: "O capitalismo como religião", ao qual é consagrado o primeiro capítulo deste volume. Entre as divindades dessa religião perversa, uma das mais importantes é o *dinheiro,* o Deus da Avareza ou, segundo Benjamin, "Plutão [...] deus da riqueza". Na bibliografia do fragmento, Benjamin menciona uma virulenta passagem do livro *Aufruf zum Socialismus* (ed. de 1919) de Gustav Landauer, no qual o pensador anarquista judeu-alemão denuncia o dinheiro como um ídolo diabólico, um monstro artificial muito mais poderoso que os seres humanos.

De um ponto de vista marxista, o dinheiro será apenas uma das manifestações – e não a mais importante – do capital, mas Benjamin em 1921 era muito mais próximo do socialismo romântico e libertário de um Gustav Landauer – ou de um Georges Sorel – do que de Karl Marx e Friedrich Engels.

É evidente, portanto, pela leitura dos diversos escritos dos anos 1914-1921, que a primeira propensão de Benjamin – que dá forma ético-política à sua recusa radical e categórica das instituições existentes – é o anarquismo. É apenas tardiamente – em relação aos eventos revolucionários de 1917-1923 na Rússia e na Europa – que Benjamin vai descobrir o marxismo.

Esses eventos o tornaram, sem dúvidas, mais receptivo, mas é apenas em 1923-1924, sobre a dupla influência da leitura de Lukács e o encontro com Asja Lacis, que Benjamin começa a se interessar pelo comunismo marxista, que se tornará um elemento central de sua reflexão política. Mas isso não significa que ele abandona suas simpatias libertárias: numa carta de 29 de maio de 1926 a Gershom Scholem, ele explica que, embora tenha certa atração pelo comunismo, "eu não penso em 'abjurar' minhas convicções anteriores, pois não me envergonho de meu 'antigo' anarquismo".

Se Benjamin decide, depois de muitas hesitações, não aderir ao movimento comunista, ele não deixa de ser uma espécie de proximidade simpatizante de um tipo *sui generis*, que se distingue do modelo habitual pela sua lucidez e distância crítica – como testemunha claramente seu *Jornal de Moscou* de 1926-1927, no qual manifesta sua inquietação sobre a tentativa do poder soviético de "parar a dinâmica do processo revolucionário".

Uma crítica que se nutre sem dúvida da inovadora fonte libertária que continua presente em sua obra. A primeira obra de Benjamin na qual o impacto do marxismo é visível é *Rua de mão única*, uma surpreendente colagem de notas, comentários e fragmentos sobre a República de Weimar dos anos da inflação e da crise do pós-guerra, redigida entre 1923-1925 e publicada em 1928. Apesar de seu interesse pelo comunismo, é interessante constatar que a única corrente política revolucionária mencionada nesta obra é o anarcossindicalismo.

No fragmento curiosamente intitulado "Ministério do Interior", Benjamin examina dois tipos ideais do comportamento político: a) o homem político conservador, que não hesita em colocar sua vida privada em contradição com as máximas que defende na vida pública; b) o anarcossindicalista, que submete impiedosamente sua vida privada às normas que pretende transformar em leis gerais numa sociedade futura.

O documento marxista-libertário mais importante de Benjamin é sem dúvida seu ensaio sobre o surrealismo em 1929. Desde os primeiros parágrafos do artigo, Benjamin descreve a si mesmo como "o observador alemão", situado numa posição "infinitamente arriscada entre a contestação anarquista e a disciplina revolucionária". Nada traduz de maneira mais concreta e ativa a convergência tão ardentemente desejada entre os dois pólos que a manifestação organizada pelos comunistas e os libertários em defesa dos anarquistas Sacco e Vanzetti.

Os surrealistas participaram da iniciativa "vermelha e preta" e Benjamin, por seu turno, não deixa de destacar a "excelente passagem" (*ausgezeichnete Stelle*) de Nadja na qual está em questão as "apaixonantes jornadas de insurreição" que tomaram Paris sob o signo de Sacco e Vanzetti: "Breton assegura que, naquelas jornadas, o Boulevard Bonne-Nouvelle viu cumprir a promessa estratégica de revolta, presente desde sempre em seu nome".

É verdade que Benjamin tem uma concepção bastante ampla do anarquismo. Ao descrever as origens distantes/próximas do surrealismo, escreve:

> Entre 1865 e 1875, alguns grandes anarquistas, sem comunicação entre eles, trabalharam em suas máquinas infernais. E o surpreendente é que, de uma maneira independente, eles tenham ajustado seus relógios na mesma hora; foi ao mesmo tempo que, 40 anos mais tarde, surgiram na Europa ocidental os escritos de Dostoiévski, de Rimbaud e de Lautréamont.

A data, 40 anos depois de 1875, é evidentemente uma referência ao nascimento do surrealismo com a publicação, em 1924, do primeiro *Manifesto.* Se ele designa esses três autores como "grandes anarquistas" não é apenas porque a obra de Lautréamont, "verdadeiro bloco errático", pertence à tradição insurrecional, ou porque Rimbaud foi um *communard.* É, sobretudo, porque seus escritos fazem explodir, como a dinamite de Ravachol ou dos niilistas russos em um outro campo, a ordem moral burguesa, o "diletantismo moralizador" dos *Spiesser* e dos filisteus.

Mas a dimensão libertária do surrealismo se manifesta também de maneira mais direta: "desde Bakunin, não houve mais na Europa um conceito radical de liberdade. Os surrealistas dispõem desse conceito".[84] Segundo Benjamim, é a

84 "Le surrealisme, le dernier instantané de l'intelligentsia européenne", *Oeuvres II.* (Ed. brasileira: *Magia e técnica, arte e política: ensaios*

"hostilidade da burguesia contra toda manifestação de liberdade espiritual radical"[85] que mobilizou o surrealismo à esquerda, à revolução e, a partir da Guerra do Rife,[86] ao comunismo. Como se sabe, em 1927, Breton e outros surrealistas vão aderir ao Partido Comunista Francês.

Essa trajetória à politização e ao engajamento crescente não significa, aos olhos de Benjamin, que o surrealismo deva abdicar de sua carga mágica e libertária. "Ao contrário, é graças a essas qualidades que ele pode desempenhar um papel único e insubstituível no movimento revolucionário: mobilizar para a revolução as forças da embriaguez, isto busca o surrealismo em todos seus escritos e empreendimentos".

Para cumprir essa tarefa é necessário, no entanto, que o surrealismo ultrapasse uma postura demasiada unilateral e aceite se associar ao comunismo: "não é suficiente que uma componente de embriaguez esteja vivo, como nós o sabemos, em toda ação revolucionária. Essa tarefa é idêntica à tarefa anárquica. Mas insistir aí de maneira exclusiva seria sacrificar a preparação metódica e disciplinada da revolução a uma práxis que oscila entre o exercício e a véspera da festa".[87]

Em *Rua de mão única* (1928), Benjamin se refere à embriaguez como expressão da relação mágica do homem anti-

---

*sobre literatura e história da cultura.* Tradução de Sergio Paulo Rouanet; revisão técnica de Márcio Seligmann-Silva; prefácio de Jeanne Marie Gagnebin. 8. ed. revista. São Paulo: Brasiliense, 2012 . Obras Escolhidas, vol. I, p. 32.)

85 *Ibidem*, p. 29.

86 N. de E.: Tratou-se de uma intervenção neocolonial espanhola, e depois francesa, na região marroquina do Rife entre os anos de 1920-1927 na qual as forças européias submeteram as tribos berberes, fazendo uso de modernas técnicas de guerra e armamentos, num ensaio do que veio a ser empregado na Segunda Guerra.

87 *Ibidem*, p. 33.

go com o cosmos, mas dá a entender que a experiência (*Erfahrun*) do *Rausch* que caracterizava essa relação ritual com o mundo desapareceu na sociedade moderna. Ora, no ensaio *Literarische Welt* ele parece tê-la reencontrado, sob uma nova forma, no surrealismo.

Trata-se de uma abordagem que atravessa diversos escritos de Benjamin: a utopia revolucionária passa pela redescoberta de uma experiência antiga, arcaica, pré-histórica: o matriarcado (Bachofen), o comunismo primitivo, a comunidade sem classes nem Estado, a harmonia originária com a natureza, o Paraíso Perdido do qual nos distanciamos com a tempestade "progresso", a "vida anterior" na qual a primavera adorável ainda não tinha perdido seu odor (Baudelaire).

Em todos esses casos, Benjamin não aposta no *retorno* ao passado, mas – segundo a dialética própria ao romantismo revolucionário – um *desvio* pelo passado em direção ao futuro novo, integrando todas as conquistas da modernidade desde 1789.

Essa dialética se manifesta de maneira surpreendente no ensaio – geralmente ignorado pelos comentadores – sobre Bachofen de 1935, um dos textos mais importantes para compreender a concepção de história de Benjamin. É ainda mais interessante, pois esses mesmos anos de 1933-1935 são aqueles nos quais o filósofo berlinense parece – aparentemente – mais próximo do marxismo "produtivista" e tecnomodernista da União Soviética stalinista.

A obra de Bachofen, sublinha Benjamin, foi inspirada por "fontes românticas" e despertou interesse em pensadores marxistas e anarquistas (como Eliée Reclus) por sua "evocação de uma sociedade comunista à alvorada da história". Refutando as interpretações conservadoras e fascistas (Ludwig

Klages, Alfred Bäumler), e apoiando-se na literatura freudo-marxista de Erich Fromm, Benjamin reforça que Bachofen "tinha compreendido, numa profundidade inexplorada, as fontes que ao longo dos tempos alimentava o ideal libertário que Reclus queria fazer prevalecer". Quanto a Engels e Lafargue, seu interesse se destina ao estudo das sociedades matriarcais, nas quais existia um grau elevado de democracia, de igualdade cívica, assim como formas de comunismo primitivo que significavam uma verdadeira "subversão do conceito de autoridade". Esse texto testemunha a continuidade das simpatias libertárias de Benjamin, que tenta aproximar, na mesma luta contra o princípio de autoridade, o marxista Engels e o anarquista Reclus.

Não há praticamente referência explícita ao anarquismo nos últimos escritos de Benjamin. Mas para um observador crítico e atento como Rolf Tiedemann – o editor das obras completas de Benjamin em alemão –, esses escritos "podem ser lidos como um palimpsesto: sob o marxismo explícito, o velho niilismo se torna visível, cujo caminho corre risco de levar à abstração a prática anarquista". O termo "palimpsesto" talvez não seja o mais adequado: a relação entre as duas mensagens é menos uma relação de sobreposição mecânica que uma mistura alquímica de substâncias previamente destiladas.

É no começo dos anos 1940 que Benjamin redige seu "testamento político", as Teses *Sobre o conceito de história*. Alguns meses mais tarde, ele vai tentar escapar da França vichysta, na qual a polícia, em colaboração com a Gestapo, detêm os exilados alemães antifascistas e judeus em geral. Com um grupo de refugiados, ele tenta atravessar os Pirineus, mais do lado espanhol a polícia de Franco os descobre e ameaça entregá-los à Gestapo. É então, na cidade espanhola de Port-Bou, que Walter Benjamin escolheu o suicídio.

Analisando este último documento, Rolf Tiedemann comenta: "A representação da práxis política em Benjamin era mais entusiasta do anarquismo do que do marxismo". O problema com essa formulação é que ela opõe como mutuamente excludentes as abordagens que Benjamin tenta justamente aproximar, pois elas lhe parecem complementares e igualmente necessárias para ação revolucionária: a embriaguez libertária e a sobriedade marxista.

Mas é sobretudo Habermas quem colocou em evidência a dimensão anarquista na filosofia da história do último Benjamin – para submetê-la a uma crítica radical a partir de seu ponto de vista evolucionista e "modernista". Em seu conhecido artigo dos anos 1970, ele rejeita a tentativa do autor das Teses *Sobre o conceito de história* de revitalizar o materialismo histórico com elementos messiânicos e libertários. "Esta tentativa está fadada ao fracasso", insiste o filósofo da razão comunicativa:

> pois a teoria materialista da evolução não pode ser simplesmente ajustada a uma concepção anarquista de tempo presente, a qual é intermitentemente colidida com o destino como que provindo dos céus. Uma concepção antievolucionista de história não pode se ligar ao materialismo histórico como se esse fosse um capuz de monge – um materialismo histórico que entende o progresso não somente no que diz respeito às forças produtivas, mas também em sua dimensão de dominação.[88]

---

88 Jürgen Habermas, "L'actualité de Walter Benjamin. La critique: prise de conscience ou preservation", *Revue d'Esthétique*, Paris, n. 1, 1981, p. 12. (O texto é inédito no Brasil, mas há uma versão em inglês: "Consciousness - Raising or Redemptive Criticism: The Contempora-

O que Habermas pensa ser um erro é justamente, a meu ver, a fonte do valor singular do marxismo de Benjamin e de sua superioridade sobre o "evolucionismo progressista" – sua capacidade de compreender um século caracterizado pela imbricação entre a modernidade e a barbárie (como em Auschwitz ou Hiroshima). Uma concepção evolucionista da história, que acredita no progresso das formas de dominação, dificilmente dá conta de compreender o fascismo – a não ser como um inexplicável parênteses, uma incompreensível regressão em "pleno século XX". Ora, como escreve Benjamin em suas Teses *Sobre o conceito de história*, não compreendemos o fascismo se o considerarmos uma exceção à norma que seria o progresso.

Habermas volta ao tema alguns anos mais tarde, em *O discurso filosófico da modernidade* (1985). Trata-se da concepção não contínua da história que distingue o que ele chama de "as extrema-esquerdas", representadas por Karl Kosch e Walter Benjamin, daqueles que, como Kautsky e os protagonistas da Segunda Internacional, "viam no desenvolvimento das forças produtivas a garantia da passagem da sociedade burguesa ao socialismo", o que não é senão outra formulação para o mesmo debate.

Para Benjamin, no entanto:

> [...] a revolução não poderia ser outra coisa senão um salto para fora da perpétua reiteração da barbárie pré-histórica e, definitivamente, a destruição do *continuum* de todas as histórias. Aí está uma atitude inspirada numa concepção de tempo tal qual concebiam os surrealistas, e que se aproxima do anarquismo de certos leitores de Nietzsche, que, para combater a ordem universal do

---

neity of Walter Benjamin". *New German Critique*, n.17, Special Walter Benjamin Issue, Spring 1979, p. 30-59.)

> poder e do cegamento, invocam [...] ao mesmo tempo as resistências locais e as revoltas espontâneas que surgem de uma subjetividade submetida à tirania.[89]

A interpretação de Habermas deve ser analisada com cautela por muitas razões, a começar pelo conceito de "barbárie pré-histórica": todo esforço de Benjamin é justamente mostrar que a barbárie moderna não é simplesmente a "reiteração" de uma selvageria "pré-histórica", mas precisamente um fenômeno da modernidade – ideia dificilmente aceitável para este defensor obstinado da civilização moderna que é Habermas.

Por outro lado, ele compreendeu com inteligência – para criticá-la – tudo o que a concepção da história do último Benjamin deve ao surrealismo e ao anarquismo: a revolução não é o coroamento da evolução histórica – "o progresso" –, mas a interrupção radical da continuidade histórica da dominação.

---

89 J. Habermas, *Le discours philosophique de La modernité,* Paris: Gallimard, 1985, p. 70. (Ed. brasileira: *O discurso filosófico da modernidade.* Tradução de Luiz Repa. São Paulo: Martins Fontes, 2000).

# 5 As *núpcias químicas* de dois materialismos - Walter Benjamin e o surrealismo

O que há em comum entre Georg Büchner, Ludwig Feuerbach, Jean Paul, Karl Gutzkow, Gottfried Keller, Enfantin, Claire Demar, Charles Fourier e os surrealistas? Esses são, entre outros, exemplos de *materialismo antropológico*, segundo Walter Benjamin. Não consta nos hábitos deste pensador sutil e elíptico dar definições cartesianas de seus conceitos: sua riqueza polissêmica é, aliás, uma das razões do charme que exercem seus escritos.

A expressão que ele utiliza a respeito de Gottfried Keller, "ateísmo hedonista", é uma pista interessante, mas insuficiente.[90] O mesmo vale para a emancipação feminina de Enfantin, o feminismo radical de Claire Demar, ou a harmonia das paixões em Fourier. Evito uma definição, mas arriscaria a seguinte hipótese: o "materialismo antropológico" poderia ser considerado uma das manifestações de um imaginário romântico crítico e/ou utópico, em ruptura com a religião, e/ou com o idealismo alemão e/ou com o materialismo vulgar.

Por "romantismo", não entendo somente uma escola literária do século XIX, mas uma *visão de mundo*, um protesto cultural contra o desencantamento do mundo capitalista,

90 W. Benjamin, "Gottfried Keller" (1927). In *Oeuvres II*. Paris: Gallimard, "Folio essais", 2000, p. 19.

contra a civilização burguesa moderna, em nome de valores pré-capitalistas. De um certo modo, o romantismo pode ser considerado uma tentativa, animada pela energia do desespero e aclarada pelo "sol negro da melancolia" (Gerard de Nerval), de "reencantamento do mundo", sob as formas religiosas (nos românticos tradicionalistas) ou profanos, nos "materialistas antropológicos".[91]

Uma revolta moderna/antimoderna que pode tomar formas regressivas – o sonho de um impossível retorno ao passado – ou formas críticas/utópicas, aspirando a um desvio pelo passado, em direção a um futuro novo, livre e fraterno. Bem entendido, é a esta segunda sensibilidade que pertence tanto Walter Benjamin quanto os surrealistas.

Numa nota do livro das *Passagens*, Benjamin cita um texto de Emmanuel Berl – um racionalista hostil aos surrealistas – que denuncia em seus escritos a confusão entre o "não conformismo moral e a revolução proletária" típica do período anterior a Marx, aquele do socialismo utópico dos anos 1820-1840. Benjamin não pactua com essa posição e observa, nos surrealistas, elementos que parecem "refratários ao marxismo": o materialismo antropológico e hostil ao progresso.

Ora, sabemos que o marxismo que Benjamin se propõe reconstruir é fundado precisamente na inclusão desses dois elementos. Assim, numa outra nota do mesmo livro, comparando Enfantin, Büchner e Feuerbach como representantes do materialismo antropológico, o autor ensaia a

91 Para uma discussão mais detalhada desse conceito em Benjamin, vale lembrar de Löwy com Robert Sayre. *Esprits de feu. Figures de l'anti-capitalisme romantique*. Paris: Ed. Du Sandre, 2010.

seguinte conclusão: "o materialismo dialético inclui o materialismo antropológico".[92]

Essa "inclusão", ou articulação, ou fusão entre os dois materialismos é facilitada por certas afinidades eletivas entre os dois: não somente o materialismo e o ateísmo, mas também a revolta contra a ordem burguesa - família, Estado, propriedade privada - e a utopia de uma nova sociedade. Essa convergência é um dos temas centrais do ensaio de 1929, "O surrealismo: último instantâneo da inteligência europeia", um dos escritos mais "iluminados" (profanos) já redigidos. Retomo aqui o que desenvolveu Marcel Berdet em sua tese: o objetivo de Benjamin é corrigir o materialismo dialético pelo materialismo antropológico e, inversamente, "resgatar um caráter sensível à revolução sem retirar sua virtude emancipatória".

Numa passagem reveladora do artigo sobre o surrealismo, Benjamin opõe o materialismo antropológico de Hebel, Büchner, Nietzsche, Rimbaud e dos surrealistas - com uma configuração um pouco diferente do livro *Passagens* - ao materialismo metafísico de Vogt e de Bukharin. Se Karl Vogt e Jacobus Moleschott encarnam desde sempre, aos olhos dos marxistas, o materialismo mecanicista, evolucionista, metafísico e antidialético do século XIX, a referência a Nikolai I. Bukharin, um dos principais pensadores do marxismo soviético dos anos 1920, é bem mais irreverente. Ele testemunha a independência de espírito de Benjamin, malgrado sua sim-

---

92 W. Benjamin, *Livre dês Passages*. Paris: Cerf, 2000, p. 709, 607. Em matéria de confusão, Emmanuel Berl é um grande expert: depois de ter colaborado com o fascista George Vallois, passa à esquerda e defende o Front Popular, para em seguida se aproximar do Marechal Pétain, para o qual escreverá alguns discursos em 1941.

patia pela experiência soviética e o movimento comunista, visível a partir de 1924.

Pode-se perguntar se Benjamin não tinha lido a brilhante crítica ao materialismo positivista de Bukharin publicada em 1925 por György Lukács. Essa distância clara em relação ao marxismo soviético explica talvez a surpreendente conclusão política do artigo: "Os surrealistas são os únicos que compreenderam as palavras de ordem que o *Manifesto Comunista* nos transmite até hoje". E é graças ao materialismo antropológico? Em todo caso, esses aparecem, aos olhos de Benjamin, como os únicos verdadeiros herdeiros do programa comunista de Marx.

A referência a Rimbaud – um dos grandes precursores desse movimento, aos olhos dos surrealistas – é muito significativa. Ela pode surpreender: Marx e Rimbaud, a sóbria crítica da economia política e o poeta mágico do *Barco ébrio* são incompatíveis? Associando-os num mesmo parágrafo, Benjamin adianta-se a André Breton, que alguns anos mais tarde proporá em seu discurso no Congresso dos Escritores contra o fascismo – em junho de 1935 – a fórmula a seguir:

> *'Transformar o mundo', disse Marx; 'mudar a vida', disse Rimbaud: para nós essas duas palavras de ordem são uma só.*[93]

Para entender essa brilhante síntese do programa surrealista, talvez o termo mais correto não seja "convergência" ou "analogia", mas sim uma *fusão*, de "núpcias químicas"[94], ex-

---

93 André Breton, "Discours au Congrès dês Écrivains"(1935), *Position politique du surréalisme.* Paris: Denoël/Gonthier, 1972, p. 95. A respeito dessa relação, vale conferir a interessante obra de Frédéric Thomas, *Rimbaud et Marx: um rencontre surréaliste.* Paris: L'Harmattan, 2007.

94 N.de T.: do original *noces chimiques.*

pressão alquímica apreciada pelos surrealistas – entre uma das principais figuras daquilo que Benjamin chama o materialismo antropológico e o pensamento marxista. A politização do surrealismo e sua adesão ao programa marxista agradam a Benjamin, mas isso não significa, a seus olhos, que o surrealismo deva renunciar à sua carga poética e rebelde, pelo contrário:

> Ganhar para a revolução as energias da embriaguez: é para isso que tende o surrealismo em todos os seus livros e em todos os seus empreendimentos. Isso é o que se pode chamar de sua tarefa mais específica.[95]

Em que consiste essa embriaguez, esse *Rausch* da qual os surrealistas seriam os detentores por excelência? Evidentemente, não se trata da embriaguez que resulta dos excessos com bebidas... Em *Rua de mão única* (1928), Benjamin se refere à embriaguez como expressão da relação mágica do homem antigo com o cosmos, mas dá a entender que a experiência (*Erfahrung*) do *Rausch* que caracterizava essa relação ritual com o mundo desapareceu da sociedade moderna. Ora, no ensaio de 1929, Benjamin parece tê-la reencontrado, sob uma nova forma, no surrealismo.

Nesse texto, Benjamin faz distinção entre as manifestações inferiores de embriaguez – "os êxtases da religião ou da droga", que são, aliás, muito próximas entre si, já que "a religião é o ópio do povo" – e aquelas formas superiores destaca-

95 W. Benjamin, "Le surréalisme...", p. 130. (Ed. brasileira: *Magia e técnica, arte e política: ensaios sobre literatura e história da cultura.* Tradução Sergio Paulo Rouanet; revisão técnica de Márcio Seligmann-Silva; prefácio de Jeanne Marie Gagnebin. 8.ed. revista. São Paulo: Brasiliense, 2012. Obras Escolhidas, vol. I.)

das pelo materialismo antropológico: "A superação criadora[96] [*le dépassement createur*] da iluminação religiosa não se encontra nos narcóticos. Ela se encontra em uma *iluminação profana*, numa inspiração materialista, antropológica [...]".[97]

O conceito de "iluminação profana" não é de fácil definição, mas sem dúvida nos remete ao brilho, ao cintilar, à incandescência da tentativa surrealista – tipicamente romântica – de reencantamento do mundo. Uma tentativa que é radicalmente *profana*, pois nada é tão abominável aos olhos dos surrealistas quanto a religião e, em especial, a católica apostólica romana. Eis porque Benjamin insiste sobre "a revolta amarga e apaixonada contra o catolicismo na qual Rimbaud, Lautréamont, Apollinaire deram a luz ao surrealismo."[98]

Curiosamente, Benjamin reprova nos surrealistas "uma concepção muito limitada, não dialética da natureza da embriaguez": eles não se dão conta de que a leitura e o pensamento também são iluminação profana; por exemplo, "o estudo mais apaixonado da embriaguez pelo haxixe não nos ensina sobre o pensamento (que é um eminente narcótico) a metade daquilo que essa iluminação profana, que é o pensamento, nos ensina sobre a embriaguez do haxixe".[99]

Essa crítica é muito estranha, pois os surrealistas – contrariamente a Benjamin (ver seu texto "Haxixe em Marseille")! – nunca produziram experiências com drogas e sempre manifestaram mais interesse pelas *Confissões de um comedor de ópio*, de Thomas de Quincey, do que pelo próprio consumo daqueles dois narcóticos.

---

96 N.de T.: do original *Le dépassement createur.*

97 *Ibidem*, p. 116-117.

98 *Ibidem*, p. 116.

99 *Ibidem*, p. 131.

Entre as iluminações profanas de inspiração materialista antropológica admiradas por Breton e por Benjamin, há uma que está em completo acordo com o espírito desse *romantismo utópico* – ou deste "marxismo gótico", para empregar um conceito proposto por uma historiadora do surrealismo, Margaret Cohen[100]: o *amor cortês* da Idade Média. Esse amor, ao qual Breton presta homenagem em *Nadja*, assemelha-se, segundo o historiador da cultura Erich Auerbach, citado por Benjamin, "mais a uma iluminação que a uma fruição sensível"[101], isto é, segundo Benjamin, assemelha-se a uma forma de embriaguez ou "arrebatamento".[102]

No ensaio de 1929, a convergência entre os dois materialismos – o dialético e o antropológico – no surrealismo encontra uma expressão diretamente política: a convergência – e a correção mútua – do comunismo e do anarquismo. A relação dos surrealistas com o anarquismo é apresentada por Benjamin nos seguintes termos: "Desde Bakunin, não houve na Europa uma ideia radical de liberdade. Os surrealistas dispõem dessa ideia".[103] Na vasta literatura sobre o surrealismo dos últimos 70 anos é raro encontrar uma fórmula tão eficaz e capaz de exprimir por meio de algumas palavras simples e decisivas o "núcleo inquebrantável da noite" (Breton) desse movimento.

---

100 M. Cohen, M. *Profane illumination. Walter Benjamin and the Paris of Surrealist Revolution.* Berkeley: University of California Press, 2003.

101 N.de T: do original *jouissance sensible*

102 W. Benjamin, "Le surrealisme...", p. 119.

103 *Ibidem*, p. 129. Segue uma citação de *Nadja*, na qual André Breton proclama a liberdade "sob a forma revolucionária a mais simples, que não é menos emancipação humana *em todos os seus aspectos* [...] permanece a única causa digna de se servir" (*ibidem*, p. 130).

Como vimos, Benjamin considera que "ganhar para a revolução as energias da embriaguez" – cujos laços íntimos com o materialismo antropológico já vimos – é a grande tarefa política do surrealismo. Mas ele acrescenta imediatamente esta reserva: Para atingi-la não basta que todo ato revolucionário comporte, como nós o sabemos, um tanto de embriaguez. Insistir apenas nisso seria negligenciar inteiramente a preparação metódica e disciplinada da revolução em proveito de uma prática que oscila entre o exercício e a celebração antecipada.[104]

Em outros termos, é preciso combinar a embriaguez e a disciplina, o anarquismo e o comunismo, de modo a permitir uma correção recíproca entre os dois. Essa orientação é, aliás, a do próprio Benjamin, que se apresenta nos primeiros parágrafos do ensaio como um "observador alemão" que "experimentou na própria carne a extrema vulnerabilidade dessa posição entre a contestação anarquista e a disciplina revolucionária".

Como se sabe, os surrealistas, e André Breton em particular, irão se situar eles mesmos nessa posição vulnerável, primeiramente às margens do Partido Comunista e em seguida, após 1935, cooperando com Trotsky e com a oposição de esquerda – antes de tentar, nos anos 1951-1953, uma colaboração com os comunistas libertários (anarquistas).[105]

Resta saber se o materialismo antropológico e as "energias da embriaguez" não correm o risco de recair no mito. Eis como Marc Berdet põe a questão em sua tese: "A fronteira é tênue entre a utopia e o mito, entre o materialismo antro-

---

104 *Ibidem*, p. 130.

105 Ver a esse respeito o meu *A estrela da manhã: surrealismo e marxismo*. São Paulo: Civilização Brasileira, 2002.

pológico e seu simulacro [...]. Como traçar a fronteira sem sacrificar a utopia no mito?".[106]

De fato, esse risco existe e pode ser ilustrado por um círculo de brilhantes intelectuais franceses, dos quais Benjamin era próximo, embora mantivesse uma distância crítica: o *Collège de Sociologie*, animado por Georges Bataille, Roger Caillois, Pierre Klossowski e Michel Leiris, cuja atração pelo mito é precisamente uma das características centrais. O caso de Georges Bataille e de suas relações com os surrealistas é particularmente revelador.

A embriaguez toma em Bataille a forma de exaltação do dispêndio, do excesso, da festa, do sacrifício e da morte. Próximo dos surrealistas, ele rompeu com Breton em 1930, teve uma efêmera reconciliação em 1935, em torno do Manifesto *Contra-Ataque*, assinado por Bataille, Klossowski, assim como por Breton, Eluard e outros surrealistas.

O objetivo desse documento era reunir os intelectuais revolucionários, os partidários da luta de classes contra o fascismo, mas ele inclui algumas fórmulas perigosas, que sugerem uma espécie de estranha fascinação pelo inimigo: "nós entendemos [...] nos servir de armas criadas pelo fascismo, que soube utilizar a aspiração fundamental dos homens pela exaltação afetiva e pelo fanatismo".[107]

Alguns meses mais tarde, pouco à vontade com esse argumento inspirado por Bataille, os surrealistas abandonarão o "Contra-Ataque" para se reaproximar progressivamente

---

106 Marc Berdet, "Mouvement social et fantasmagories dans Paris, capitaledu XIX siècle". Tese de doutorado na Universidade de Paris 7, junho de 2009, p. 17.

107 "Contre Attaque. Union de lutte des intellectuels révolutionnaires", in Maurice Nadeau, *Documents Surréalistes*, Paris: Seuil, 1948, p. 320.

das teses antifascistas mais "clássicas" (em termos marxistas) de oposição de esquerda (trotskista). No entanto, é preciso acrescentar que não somente nos surrealistas, tampouco em Bataille e seus amigos, haverá nenhuma passagem pelo campo do fascismo, antes ou durante a guerra.[108]

Em tom de conclusão: a tentativa inacabada e perfeitamente heterodoxa do ponto de vista das tendências dominantes do marxismo de sua época de suscitar, *apoiando-se sobre o surrealismo*, uma convergência, fusão ou inclusão entre o materialismo dialético e o materialismo antropológico, entre Marx e Rimbaud - mais tarde no livro das *Passagens* entre Marx e Fourier[109] - numa perspectiva de complementaridade e correção recíproca, é uma das aventuras intelectuais das mais insólitas e mais fascinantes da obra de Walter Benjamin.

---

108 Salvador Dalí poderia ser uma exceção, mas sua simpatia pelo "monarquismo" e pelo catolicismo na Espanha franquista mostra antes de tudo um oportunismo do que uma verdadeira decisão política.
109 Acerca deste assunto, Benjamin estava à frente dos surrealistas: André Breton vai publicar sua *Ode a Charles Fourier* apenas em 1947.

# 6 Cidade, lugar estratégico do conflito de classes - insurreições, barricadas e haussmannização de Paris nas *Passagens*[110]

*Introdução*

O espaço urbano como lugar estratégico do combate entre as classes: eis aí um aspecto frequentemente negligenciado pelos trabalhos especializados a respeito do tema da cidade nas *Passagens* [*Das Passagen-Werk*]. No entanto, esse tema ocupa um lugar fundamental nesse projeto inacabado.

O tratamento do tema por Walter Benjamin é inseparável de seu método historiográfico, que se poderia definir, provisoriamente, como uma variante herética do materialismo histórico, fundada (entre outros) em dois eixos essenciais:

> a) uma atenção sistemática e inquieta ao enfrentamento das classes, do ponto de vista dos vencidos – em detrimento de outros tópicos [*topoi*] clássicos do marxismo, como a contradição entre forças e as relações de produção, ou a determinação da superestrutura pela infraestrutura econômica;

---

110 Publicado em Philippe Simay. *Capitales de La modernité. Walter Benjamin et la ville.* Paris: Ed. de l'Éclat, 2005.

b) a crítica radical da ideologia do Progresso, em sua forma burguesa, mas também em seus prolongamentos na cultura política da esquerda.

A cidade em questão no livro das *Passagens* é, como se sabe, "a capital do século XIX". É necessário acrescentar que se trata também da capital *revolucionária* do século XIX. É, em outros termos, o que havia escrito Friedrich Engels num artigo de 1889, citado por Benjamin, que partilha sem dúvida da mesma opinião: "apenas a França tem Paris, uma cidade onde [...] se reúnem todas as fibras nervosas da história europeia e de onde partem em intervalos regulares os impulsos elétricos que fazem tremer todo um mundo [...]".[111]

Seguirei neste ensaio uma ordem cronológica: 1) insurreições e combates de barricadas (1830-1848); 2) a haussmannização de Paris como "embelezamento estratégico" (1860-1970); 3) a Comuna de Paris (1871). Trata-se de material de três capítulos do *Passagenwerk*: "movimento social"; "haussmannização, combate de barricadas", "a Comuna". Como se sabe, o livro *Passagens* tem um estatuto que permanece enigmático: trata-se de um conjunto de materiais organizados com o objetivo de compor um livro? Ou de uma colagem de citações como novo método de exposição? Ou ainda pode ser uma combinação dos dois. Em todo caso, são documentos de natureza muito heterogênea. Podem-se distinguir as seguintes categorias:

111 Walter Benjamin. "Paris, capitale du XIX siècle". *Le livre dês Passages*. Paris: Cerf, 1998, p. 715. (Ed brasileira: *Passagens*. Organização de Willi Bolle; colaboração na organização de Olgária C. F. Matos; tradução do alemão de Irene Aron; tradução do francês de Cleonice Paes Barreto Mourão; revisão técnica de Patrícia de Freitas Camargo; posfácios de Willi Bolle e Olgária C. F. Matos. Belo Horizonte: Editora UFMG, 2018).

- comentários de Walter Benjamin: sem dúvida a fonte mais importante para apreender o fluxo de seu pensamento;
- citações precedidas ou seguidas de um comentário que as esclarece;
- citações de autores marxistas ou socialistas, cujas opiniões se pode supor que Benjamin partilha (ainda que...);
- citações de trabalhos de historiadores que pretendem evidenciar um aspecto dos eventos que lhe interessa;
- citações de autores reacionários que ilustram a atitude das camadas dominantes; o uso delas por Benjamin é geralmente atravessado por ironia.

Nem sempre é fácil compreender por que o autor dessa enorme compilação escolhe esta ou aquela citação. O lugar de certos documentos em seu argumento permanece misterioso, e certos detalhes parecem sem interesse e somos obrigados a fazer conjecturas, nem sempre chegando a uma conclusão. Mesmo assim, no conjunto, as peças do quebra-cabeça se encaixam, e podemos reconstituir o discurso de Benjamin e seu objeto nestes três capítulos: a cidade (Paris como lugar estratégico do conflito entre as classes no século XIX, mas com reflexos, em geral implícitos, na conjuntura da Europa dos anos 1930).

*I. Insurreições e combates de barricadas (1830-1848)*

O material em questão aqui provém de dois capítulos das *Passagens*: "Movimento social" e "Haussmannização e combates de barricadas".

A primeira coisa que nos chama atenção é o interesse, a fascinação de Benjamin pelas barricadas. Estas aparecem, ao longo de citações e comentários, como a expressão material, visível no espaço urbano, da revolta dos oprimidos no século XIX, da luta de classes do ponto de vista das camadas subalternas. A barricada é sinônimo de levante popular, frequentemente derrotado, e da interrupção revolucionária do curso ordinário das coisas, inscrita na memória popular, na história da cidade, de suas ruas e ruelas.

Ela ilustra a utilização, pelos dominados, da geografia urbana na sua materialidade: estreiteza das ruas, altura das casas, pavimentação das vias. Ela é também, para os insurgentes um momento encantado, uma iluminação profana que apresenta ao opressor, "entre relâmpagos vermelhos", a face de Medusa da revolta e que brilha, como diz o poema do blanquista Tridon, "no relâmpago e no motim".[112] Enfim, a barricada é uma espécie de lugar utópico que antecipa as relações sociais futuras: assim, segundo uma fórmula de Fourier, citada aqui, a construção de uma barricada é um exemplo de "trabalho atraente".[113]

A curiosidade de Benjamin pelos detalhes da construção das barricadas é ilimitada. Ele anota o número de paralelepípedos – 8.125.000 para erguer as 4054 barricadas das Três Gloriosas de 1830[114] –, a utilização de ônibus (carruagens puxadas por cavalos), tombados para torná-las mais resistentes,[115] o nome dos construtores – Napoléon Gaillard planejou a poderosa barricada da rua Royale em 1871 – [116], a altura delas – em 1848 muitas chegavam à altura de um

112 *Ibidem*, p. 720-728.
113 *Ibidem*, p. 164.
114 *Ibidem*, p. 162.
115 *Ibidem*, p. 149-165.
116 *Ibidem*, p. 166.

primeiro andar –, o aparecimento da bandeira vermelha em 1832[117] etc.

Ele registra ainda os métodos pouco ortodoxos do combate popular em torno das barricadas: por exemplo, jogar pelas janelas, na cabeça dos militares, móveis ou paralelepípedos.[118] Pode-se dizer que, por esses detalhes, ele tenta montar a imagem mais precisa possível da barricada como um lugar material, espaço urbano construído e símbolo potente de Paris como capital revolucionária do século XIX.

E, sobretudo, Benjamin se interessa pelo papel das mulheres nos combates de barricadas: elas aparecem jogando óleo quente ou água fervente nos soldados; as "sulfatosas" espirram ácido sulfúrico nos militares; e outras fabricam pólvora.[119] Em julho de 1930, uma jovem vestiu roupas masculinas para lutar ao lado dos homens: voltou conduzida em triunfo pelos artilheiros insurgentes.[120] Menciona também os batalhões de mulheres, de Eugénie Niboyet e das "vesuvianas". Na ausência de comentários, podemos somente supor que Benjamin constata a transgressão, por parte das insurretas, do papel social que lhes é imposto pelo patriarcado.

Resta a questão da eficácia insurrecional da barricada. Benjamin cita a opinião de um historiador sobre o levante vitorioso de julho de 1830: "a rua Saint-Denis e Saint-Martin são [...] a benção dos amotinados [...]. Um punhado de insurgentes atrás de uma barricada era capaz de impedir o avanço de um regimento inteiro".[121]

---

117 *Ibidem*, p. 724.
118 *Ibidem*, p. 160-161.
119 *Ibidem*, p. 712-713.
120 *Ibidem*, p. 723.
121 *Ibidem*, p. 155. A citação vem de Dubech d'Espezel, *Histoire de Paris*, 1926.

A avaliação de Friedrich Engels – embora este tenha escrito em 1847 uma peça em um ato que representava um combate de rua com barricadas em um pequeno estado alemão, coroado pelo triunfo dos republicanos[122] – é mais sóbria: o efeito das barricadas é mais moral que material; são sobretudo um meio de abalar a segurança dos soldados.[123] As duas opiniões não são contraditórias e, na ausência de comentário explícito de Benjamin, podemos supor que ele as considere complementares.

É necessário adicionar que a barricada não era o único método de luta insurrecional. Blanqui – um personagem que aparece frequentemente nas notas de Benjamin – e seus camaradas da "Societé des Saisons" preferiam formas de combate de rua mais ofensivas, mais próximas da contribuição revolucionária. Assim, no dia 12 de maio de 1839, ele havia concentrado mil homens entre a rua Saint-Denis e a rua Saint-Martin, pensando "aproveitar que as novas tropas conheciam mal os desvios das ruas de Paris".[124]

A atenção de Benjamin não se volta apenas aos insurgentes, mas também ao comportamento do adversário no impiedoso enfrentamento das classes – os poderosos, os governantes. Depois das insurreições de 1830, 1831 e 1832, o poder – Louis Philippe, a Monarquia de Julho – prevê a construção de fortificações nos bairros "sensíveis". O republicano Arago denuncia, em 1833, este "embastilhamento de Paris": "todos os fortes projetados agiriam nos bairros mais populares da capital [...]. Dois dos fortes, o da Itália e de Pas-

---

122 Walter Benjamin. "Paris, capitale du XIX$^{e}$ e siècle". *Le livre dês Passages*. Paris: Cerf, 1998, p. 164

123 *Ibidem*, p. 148.

124 *Ibidem*, p. 165. Trata-se de uma passagem da biografia de Blanqui por G. Geffroy, uma fonte citada por Benjamin com frequência.

sy, seriam suficientes para incendiar toda a margem esquerda do Sena".[125]

Blanqui também denuncia, em 1850, essas primeiras tentativas de militarização urbana de Paris, expostas por H. de Havrincourt: segundo essa teoria estratégica da guerra civil, não seria necessário deixar as tropas passarem o dia nos focos da rebelião, mas construir cidadelas e manter os soldados protegidos do contágio popular.[126]

Polícia e Exército cooperam na repressão dos levantes populares: como lembra Victor Hugo em *Os Miseráveis*, em junho de 1832, os agentes, sob as ordens do prefeito Gisquet, patrulhavam os esgotos em busca dos últimos vencidos da insurreição republicana, enquanto que as tropas do general Bugeaud varriam Paris[127]. Benjamin atenta também para a utilização, pela primeira vez desde a insurreição de junho de 1848, da artilharia no combate de rua.[128]

Os excertos e comentários de Benjamin a respeito desse primeiro período retratam o cenário de Paris como lugar do motim, da efervescência popular, dos levantes recorrentes, por vezes vitoriosos (julho de 1830, fevereiro de 1848), mas cujas vitórias são confiscadas pela burguesia, suscitando por sua vez novas insurreições (junho de 1832, junho de 1848) esmagadas no sangue. Cada classe tenta utilizar e modificar o espaço urbano em seu benefício. Vê-se desenhar, em linha tracejada, uma tradição dos oprimidos, da qual a barricada é a expressão material visível.

---

125 *Ibidem*, p. 164.
126 *Ibidem*, p. 167.
127 *Ibidem*, p. 727.
128 *Ibidem*, p. 164.

## *II. Haussmannização: a resposta dos poderosos (1860-1870)*

A haussmannização de Paris – isto é, os trabalhos de abertura dos grandes bulevares "estratégicos" no centro, destruindo os bairros habituais dos levantes, realizados pelo Barão Haussmann, prefeito de Paris sob Napoleão III – constitui a resposta das classes dominantes à recorrência insuportável das insurreições popularese seu método de luta preferido, a barricada.

Apresentada como uma operação de embelezamento, a renovação e modernização da cidade é, aos olhos de Benjamin, um exemplo paradigmático do caráter perfeitamente mistificador da ideologia burguesa do progresso. Isso se aplica também a um outro argumento utilizado para justificar esses trabalhos: a higiene, a demolição dos bairros "insalubres", a "ventilação"do centro de Paris. Na perspectiva de alguns de seus apologistas, citados por Georges Laronze, biógrafo de Haussmann (1832), os argumentos *higiênico* e *estratégico* estão estreitamente associados: as novas artérias participavam "no combate engajado contra a doença e a revolução; elas seriam as vias estratégicas, penetrando as áreas endêmicas da epidemia, permitindo, com a vinda de um ar vivificante, a chegada das forças armadas, religando [...] as casernas aos subúrbios".[129]

A obra modernizadora de Haussmann despertava a admiração de muitos já no século XX, tal como a do autor de uma obra sobre Paris publicada em Berlim em 1929, um certo Fritz Stahl, que Benjamin cita com uma ponta de ironia: o prefeito de Paris, segundo esse discurso entusiasta, foi "o único urbanista genial da época moderna que contribuiu in-

---

129 *Ibidem*, p. 153.

diretamente com a criação de todas a metrópoles americanas. Ele fez da cidade um conjunto cuja unidade é manifesta. Não, ele não destruiu Paris, ele a completo*u*".[130]

Convencido do contrário, o autor das *Passagens* coleciona as citações que denunciam, sob todos os tons, o caráter profundamente destrutor dos trabalhos empreendidos por Haussmann – o qual, vale lembrar, não hesitava em se proclamar, com bastante autossatisfação, um "artista-demolidor [*artiste-démolisseur*]".[131]

Os comentários de Benjamin são de fato explícitos a respeito do assunto: Haussmann "entrou em guerra contra a cidade de sonho que era Paris em 1860".[132] Ele cita longamente a obra *Paris nova e Paris do futuro,* de um certo Victor Fournel, que dá "uma ideia da amplitude das destruições provocadas por Haussmann"; arrasando edifícios antigos, dir-se-á que o "artista-demolidor" procurava eliminar a memória histórica da cidade: segundo Fournel, "Paris moderna pretende fazer tábula rasa do passado, destruindo os velhos palácios e velhas igrejas para construir no lugar belas casas brancas, com ornamentos em estuque e estátuas em pedra".

No que Benjamin designa como "sua memorável apresentação dos malfeitos de Haussmann", Fournel descreve a Paris antiga como um conjunto de pequenas cidades, cada uma com sua singularidade: "eis aí o que estamos destruindo... perfurando por toda parte a mesma rua geométrica e retilínea, que estende numa perspectiva linear suas casas enfileiradas, sempre as mesmas".[133] Vale lembrar de observações de dois outros autores citados com frequência nesse contexto,

130 *Ibidem*, p. 171.
131 *Ibidem*, p. 153.
132 *Ibidem*, p. 151.
133 *Ibidem*, p. 168-169.

Dubech e D'Espezel: "Paris cessou para sempre de ser um conglomerado de pequenas cidades com sua própria fisionomia, sua vida, onde se nascia, se morria e se amava viver".[134]

Parece que Benjamin retoma, a respeito da haussmannização de Paris, uma de suas críticas fundamentais à modernidade capitalista: seu caráter homogeneizador, sua repetição infinita do mesmo, sob a coloração da novidade, seu apagamento [*effacement*] da experiência coletiva e da memória do passado. Esse é o sentido desta outra citação de Dubech e D'Espezel: o primeiro traço que se destaca na obra do prefeito de Paris é o "desprezo pela experiência histórica [...]. Haussmann traça uma cidade artificial, como no Canadá ou no Faroeste americano[...]"; as vias que construiu "são perfurações surpreendentes que partem de lugar nenhum para chegar em parte alguma invertendo tudo sob sua passagem".[135] Do ponto de vista humano, a principal consequência dessa modernização imperial – segundo diversos comentadores, entre os quais o urbanista Le Corbusier[136] – a desertificação de Paris, tornada uma cidade "triste e morna" onde a solidão, a grande deusa dos desertos" virá se instalar.[137]

Entretanto, a obra do "artista-demolidor" não fez apenas infelizes: para uma meia dúzia de privilegiados foi, graças à especulação imobiliária, um excelente negócio. É o aspecto financeiro, mercantil e, em síntese, capitalista da haussmannização que Benjamin documenta, em detalhes, por uma multiplicidade de referências.

---

134 *Ibidem*, p. 153.
135 *Ibidem*, p. 156.
136 *Ibidem*, p. 149.
137 *Ibidem*, p. 154. De uma obra anônima, *Paris deserta. Lamentações de um Jeremias haussmannisado*, 1868.

Entre os que lucraram, o círculo de pessoas próximas ao prefeito: uma lenda, citada por Dubech e D'Espezel, vem de uma reflexão ingênua da senhora Haussmann: "É curioso, todas as vezes que compramos um imóvel, pouco depois é construído um *boulevard* passando em frente do mesmo [...]".[138]

Confesso nem sempre compreender a função de algumas citações. Por exemplo, por que retratar a tentativa infeliz de um humilde comerciante de carvão a obter uma indenização por seu barraco, graças a um contrato falsificado, datado de muitos anos?[139]

Qual é, para Benjamin, o sentido do comentário a seguir de Victor Fournel: "Os Halles, de reconhecimento universal, constituem o edifício mais impecável edificado nesses últimos doze anos [...]. Há nele harmonias lógicas que satisfazem o espírito pela evidência de sua significação?"[140] Comentando o livro *Urbanismo* de Le Corbusier, Benjamin define como "muito importante" o capítulo que descreve "os diferentes tipos de pás, picaretas e carrinhos de mão etc", utilizados pelo prefeito de Paris. Por que é tão importante?

Esse tipo de questão é inevitável no estudo de um projeto inacabado como o *Passagens*; elas se prestam a um número infinito de hipóteses e interpretações. Mas a problemática fundamental dessas três seções não é menos claramente visível.

Um de seus aspectos mais importantes diz respeito à natureza política da obra do Barão de Haussmann, enquanto expressão – *Ausdruck*, um dos conceitos favoritos de Benjamin – do caráter autoritário e arbitrário do poder, isto é, do Segundo Império de Luís Bonaparte. Nos trabalhos do

138 *Ibidem*, p. 156.
139 *Ibidem*, p. 163.
140 *Ibidem*, p. 169.

prefeito imperial, "cada pedra porta o signo do poder despótico":[141] eles são, segundo J. J Honegger, numa obra de 1874, "a representação perfeitamente adequada dos princípios de governança do Império autoritário "e se seu ódio fundamental à toda individualidade".[142]

Esta é a opinião também deste que encarna, aos olhos de Benjamin, a oposição mais radical a Napoleão III, Auguste Blanqui: a haussmannização de Paris – "um dos grandes flagelos do Segundo Império" – é o produto de "fantasias assassinas do absolutismo": por sua "grandeza homicida", ele lembra os trabalhos dos faraós do Egito ou imperadores romanos da decadência.[143]

Essa dimensão política do urbanismo imperial é tão importante para Benjamin quanto o Segundo Império, por seu autoritarismo ilimitado, sua personalização bonapartista do poder, sua manipulação das massas, o esplendor grandiloquente de seus rituais e de sua arquitetura, suas ligações íntimas com "tudo o que mostra a fraude e a astúcia política" têm afinidades com o "Terceiro Império" hitlerista – evidentemente, não aquele dos campos de extermínio da Segunda Guerra Mundial, mas o dos primeiros anos do regime (1933-1936), tais como descritos e denunciados por Bertold Brecht em suas peças *Terror e Miséria do Terceiro Reich* e a *Resistível ascensão de Arturo Ui.*

---

141 Julius Meyer, 1869, citado em *ibidem*, p. 150.

142 *Ibidem*, p. 147.

143 *Ibidem*, p. 167. Sobre as relações complexas do pensamento de Benjamin à figura de Blanqui, remeto-me ao notável ensaio de Miguel Abensour, "Walter Benjamin entre mélancolie et révolution. Passagens Blanqui", em H.Wismann, *Walter Benjamin et Paris.* Paris: Cerf, 1986.

Em um dos comentários mais significativos deste capítulo, Benjamin parece resumir não somente sua opinião sobre Haussmann e Naopleão III, mas sobre o poder das classes dominantes em geral: "os poderosos querem manter sua posição pelo sangue (a polícia), pela astúcia (a moda), pela magia (o esplendor)".[144]

Antes de abordar o capítulo que concerne ao "sangue", é preciso dedicar algumas palavras sobre o esplendor, que se exprime não somente na teatralidade monumental das perspectivas haussmannianas, mas também nas cerimônias espetaculares organizadas pelo prefeito em homenagem a seu Imperador. Isso vai desde uma impressionante decoração da Champs-Élysées – cento e vinte arcadas ornamentadas, repousando sobre uma dupla fileira de colunas – para o aniversário de Luís Napoleão Bonaparte,[145] até os dez mil arcos do triunfo, acompanhados de cinquenta colossos a sua semelhança, que recebem o imperador logo que ele entra a galope com os cinquenta cavalos de sua carruagem" em Paris – fachada monumental que ilustra, segundo Arsène Houssaye em 1856, "a idolatria dos sujeitos pelo soberano".[146]

O esplendor imperial é também evocado numa passagem surpreendente de Heinrich Mann (extraída de um ensaio de 1931), que consegue, em algumas palavras, descrever a quintessência do regime imperial e sua natureza de classe: "a especulação, a mais vital das funções deste império, é o enriquecimento desenfreado, o júbilo gigantesco, tudo isto teatralmente glorificado nas exposições e festas que terminam

---

144 *Ibidem*, p. 157.
145 *Ibidem*, p. 153.
146 *Ibidem*, p. 161-162.

evocando Babilônia; e ao lado dessas massas que participavam de uma apoteose efervescente, essas que despertavam".

Como neutralizar essas "massas obscuras [...] que se levantavam?"

Se o objetivo primordial de Napoleão III, sua vocação política por excelência, era, segundo Gisèle Freund,[147] "assegurar a ordem burguesa",[148] esta questão era fundamental: como romper a tradição rebelde do povo parisiense, como impedi-lo de utilizar sua arma favorita, a barricada?

A elegante solução encontrada foi, nas palavras do próprio prefeito de Paris: "transpassar o bairro habitual dos levantes".[149] Um autor reacionário, Paul-Ernest de Rattier – para o qual "nada é mais inútil e mais imoral que um motim" – evocava já em 1857 a imagem ideal de uma Paris modernizada, onde o sistema de vias de comunicação "religa geometricamente e paralelamente as artérias a um só coração, o coração das Tuileries", constituindo assim um admirável método de defesa e de manutenção da ordem".[150]

Chegamos aqui ao aspecto mais importante da haussmannização: seu caráter de "embelezamento estratégico" (a expressão data dos anos 1860). O fato estratégico comanda, constatam Dubech e d'Espezel, "a abertura da antiga capital".[151] Mas é Friedrich Engels que resume melhor as questões político-militares dos trabalhos de Haussmann: trata-se, escreve ele, da "maneira especificamente bonapartista de abrir longas artérias largas e lineares através dos bairros operá-

147 Fotógrafa e historiadora marxista da fotografia, amiga próxima de Walter Benjamin.

148 W. Benjamin. *Paris, capitale du XIX*$^{e}$ *siècle*, p. 155.

149 *Ibidem*, p. 146.

150 *Ibidem*, p. 161.

151 *Ibidem*, p. 157.

rios e de ruas estreitas", com o objetivo estratégico de tornar "mais difíceis [...] os combates de barricadas".[152]

Os bulevares retilíneos tinham, entre outras, a grande vantagem de permitir o uso do canhão contra os eventuais insurgentes – uma situação profeticamente evocada numa frase de Pierre Dupont em 1849, destacada por Benjamin no capítulo sobre a haussmannização: "as capitais sufocadas se abriram ao canhão".[153]

Dito brevemente, os "embelezamentos estratégicos do Barão Haussmann eram um método racionalmente planejado de sufocar nas origens toda veleidade de revolta e, se esta mesmo assim eclodisse, de esmagá-la eficazmente – fazendo uso do último dos recursos dos poderosos, segundo Benjamin: o sangue... como escreve o próprio Benjamin no texto "Paris, capital do século XIX", que pode ser considerado uma espécie de introdução às *Passagens*: "a atividade de Haussmann se integra ao imperialismo de Napoleão III. O qual favorece o capital financeiro. [...] o verdadeiro objetivo dos trabalhos de Haussmann era proteger a cidade da guerra civil. Ele pretendia tornar impossível a montagem das barricadas em Paris. [...] A amplitude dos bulevares deve interditar a construção de barricadas e novas intervenções devem reaproximar os quartéis militares dos bairros operários".[154]

As referências à atualidade dos anos 1930 são raras nas *Passagens*. Há aqui uma das mais impressionantes: "a obra de

---

152 *Ibidem*, p. 167-168.

153 *Ibidem*, p. 145.

154 W. Benjamin, *Oeuvres Choisis III*, Paris, Gallimard, "Folio-essais", 2000, p. 64. Neste ensaio, a seção intitulada "Haussmann ou as barricadas" provém em grande medida do material das *Passagens*.

Haussmann é concluída atualmente, como mostra a Guerra da Espanha, evidentemente com meios diferentes".[155]

Benjamin se refere sem dúvida à eliminação, sob as bombas da *Luftwaffe*, da cidade basca de Guernica e de bairros populares de Madrid. Os bombardeios aéreos seriam uma forma moderna de "embelezamento estratégico" inventado pelo prefeito de Paris? Há uma espécie de ironia amarga na observação de Benjamin. A analogia que ele retrata se refere, provavelmente, a dois aspectos essenciais da haussmanização: a destruição de bairros inteiros e a eliminação de "focos de motins".

Dito isso, não creio que o autor das *Passagens* tenha tentado estabelecer um signo de identidade entre os dois eventos de natureza radicalmente diferente, menos ainda uma genealogia histórica. Sua rápida observação esboça antes uma espécie de constelação única entre duas modalidades, perfeitamente distintas, de "demolição estratégica", pelas classes dominantes, de destruição urbana como meio de manter a ordem e a neutralização das classes populares.

Sua ironia visa também, sem dúvida, à ideologia conformista do Progresso: desde Haussmann, os poderosos "progrediram" em seus meios de destruição, em seus instrumentos técnicos a serviço da guerra civil. Quem pode negar a superioridade dos bombardeios da Luftwaffe hitleristas diante das humildes pás e picaretas do prefeito de Napoleão III?

Como os revolucionários parisienses dos anos 1860 responderam – antes da Comuna de Paris – ao desafio da haussmannização? Qual resposta encontraram à modernização imperial da cidade? De fato, poucas tentativas de sublevação ocorreram durante o Segundo Império. Benjamin menciona

---

155 Walter Benjamin, *Paris, capitale du XIX^e^ siècle*, p. 169.

apenas uma, organizada por Auguste Blanqui em 1870: para o golpe de agosto de 1870, Blanqui tinha colocado 300 revólveres e 400 punhais à disposição dos trabalhadores.

"É característico das formas de combate de ruas desta época que preferissem punhais a revólveres".[156] Como interpretar esse comentário sibilino? Pode-se supor que Benjamin se limita a constatar a preferência dos insurgentes blanquistas por métodos de combate "corpo a corpo", próximos do uso cotidiano da faca como instrumento de trabalho ou meio de defesa.

Mas é mais provável que sua observação tenha uma conotação crítica, evidenciando o "retardo técnico" dos revolucionários e a desproporção gritante entre seu instrumento de combate favorito, o punhal, e aqueles dos quais dispunham as forças da ordem: os fuzis e canhões...

### *III. A Comuna de Paris (1871)*

Este capítulo das *Passagenwerk* é mais curto que os precedentes: apenas seis páginas (contra 25 e 26). Ele é marcado por uma certa ambivalência do autor em relação à Comuna de 1871.

Tomemos a questão central da relação da Comuna com a Revolução Francesa. Benjamin observa que "a Comuna tinha de fato a percepção de ser herdeira de 1793".[157] Isso se traduz e sepercebe na geografia urbana dos combates, impregnada de memória histórica, pois "um dos últimos centros de resistência da Comuna" foi "a praça da Bastilha".[158]

156 *Ibidem*, p. 166.
157 *Ibidem*, p. 789.
158 *Ibidem*, p. 791.

O autor das *Passagens* poderia ter tratado dessa relação intensa do povo insurgente do Paris com sua tradição revolucionária como um exemplo notável do "salto de tigre no passado"[159] no momento do perigo, que caracteriza as revoluções, segundo as Teses *Sobre o conceito de história* (1940).

A Comuna poderia ser, segundo esse ponto de vista, um episódio bem mais interessante que a Revolução de 1789, cuja inspiração provinha – injustamente segundo Marx – na República romana (exemplo citado por Benjamin, sob uma luz favorável, nas Teses de 1940). Ora, os diversos comentários sobre a Comuna citados por Benjamin sugerem antes uma distância crítica, confirmada por suas próprias anotações. Por exemplo, logo que afirma que "Ibsen enxerga mais longe que vários dos chefes da Comuna na França", ao escrever para seu amigo Brandes sobre o 20 de dezembro de 1870: "O que estamos vivendo hoje não são senão migalhas da Revolução do século precedente [...]".[160]

Mais explícita e mais severa ainda é a opinião do marxista alemão – e biógrafo de Marx – Franz Mehrin, no artigo "À memória da Comuna de Paris", publicado em *Die Neue Zeit* em 1896: "As últimas tradições da velha lenda revolucionária também desmoronaram para sempre com a Comuna [...]. Na história da Comuna, os germes desta revolução [a proletária] foram ainda sufocados pelas plantas trepadeiras que, partindo da revolução burguesa do século XVIII, invadiram o movimento operário revolucionário do século XIX". Como Benjamin não comenta esse texto, não se pode saber se ele

159 N. de T.: do original *saut de tigre dans le passé.*

160 *Ibidem*, p. 793.

partilha efetivamente desse julgamento, mas sua observação a respeito da clarividência de Ibsen vai no mesmo sentido.[161]

O mínimo que se pode dizer é que a opinião de Mehring é perfeitamente contraditória com o que Marx escrevera em seu célebre texto de 1871 sobre a Comuna, *A Guerra civil na França*, que a apresenta como a anunciadora das revoluções vindouras. Ora, não somente Benjamin não cita nenhuma vez esse documento "clássico" do marxismo - amplamente retomado por Lenin –, mas também prefere se referir a uma observação tardia de Engels, numa conversa com Bernstein, em 1884, que, sem criticar explicitamente o documento de Marx, apresenta-o como um exagero "legítimo e necessário", "tendo em conta as circunstâncias". No fundo, Engels insiste sobre a predominância dos blanquistas e proudhonianos entre os atores da insurreição, estes últimos não sendo "nem defensores da revolução social", nem "*a fortiori* marxistas"[162] - um julgamento que, seja dito entre parênteses, é em sua primeira parte injusto (o proudhoniano Varlin não era um defensor da revolução social?) e, na segunda, anacrônico (não existia "marxistas" em 1871!).

Em todo caso, Benjamin parece partilhar a má opinião de Engels sobre Proudhon e seus discípulos: "As ilusões das quais a Comuna era ainda vítima encontram uma expressão surpreendente na fórmula de Proudhon, seu apelo à burguesia: salvem o povo, salvem-se vocês mesmos, como faziam seus pais, pela Revolução".[163]

---

161 Benjamin cita também um comentário dos historiadores A. Malet e P. Grillet que reforça esta leitura crítica: a maioridade dos eleitos da Comuna eram "democratas jacobinos da tradição de 1793". *Ibidem*, p. 789.

162 Walter Benjamin, *Paris, capitale du XIX$^{e}$siècle*, p. 792.

163 *Ibidem*, p. 790.

E num outro comentário, ele observa: este foi o proudhoniano Beslay que, como delegado da Comuna, se deixara convencer [...] de não tocar nos dois milhares [do Banco da França] [...]. Ele consegue impor seu ponto de vista graças à ajuda dos proudhonianos do Conselho".[164] A não expropriação do Banco foi, como se sabe, uma das principais reservas expressas por Marx a respeito das práticas dos *communards*. Dito isso, as críticas de Benjamin são frequentemente discutíveis: o apelo de Proudhon à burguesia (salvem o povo) pode verdadeiramente ser considerado representativa das ideias da Comuna?

Esta questão é evocada também no ensaio de 1935, "Paris, capital do século XIX":

> Bem como o *Manifesto Comunista* conclui à época dos conspiradores profissionais, a Comuna põe fim à fantasmagoria que domina as origens do proletariado. Ela destrói a ilusão segundo a qual a tarefa da revolução proletária seria de realizar, de mãos dadas com a burguesia, a obra de 89. Esta ilusão prevaleceu ao longo do período que vai e 1831 a 1871, da insurgência de Lyon à Comuna. A burguesia jamais partilhou deste erro.[165]

A formulação é ambígua e poderia, a rigor, ser lida como um elogio à Comuna comparada, por seu papel desmistificador, ao Manifesto de Marx e Engels. Mas se pode também interpretar a passagem como uma condenação, a Comuna não sendo senão o último episódio dessa "fantasmagoria". As citações das *Passagens* reforçam essa segunda leitura.

Como explicar essa distância, essa ambivalência de Benjamin em relação à Comuna e essas críticas insistentes sobre

---

164 *Ibidem*, p. 793.

165 Benjamin, *Oeuvres III*, p. 64-65.

a herança e 1793? Poderíamos tentar situar sua atitude num certo contexto histórico: a conjuntura política na França em meados de 1930. As duas citações mais longas do capítulo sobre a Comuna datam de abril de 1935 e de maio de 1936: pode-se supor que uma parte – ou mesmo a maior parte – dos materiais foram recolhidos ao longo dos anos 1935-1936, os anos da Frente Popular.

Ora, a estratégia do Partido Comunista Francês consistia, desde 1935, a buscar uma coalizão com a burguesia democrática – que devia ser representada pelo Partido Radical – em nome de certos valores comuns: a Filosofia das Letras, a República, os Princípios da Grande Revolução (1789-1793). Sabe-se, por sua correspondência, que Benjamin nutria sérias reservas a esta orientação da esquerda francesa.

Talvez as críticas de Benjamin às ilusões da Comuna – representadas, segundo ele, pelo apelo de Proudhon à burguesia, em nome da Revolução Francesa – sejam de fato um questionamento, de certo modo implícito e indireto, da política do PCF à época.

Isso não é senão uma hipótese, mas ela corresponde bem à ideia que faz Benjamin de uma historiografia crítica, redigida a partir do ponto de vista do presente – uma abordagem fecunda, mas que não deixa de ter problemas e riscos de deformação.

Obviamente, existem também aspectos favoráveis à Comuna presentes nesse curto capítulo. É o caso de uma passagem de Aragon – extraída de um artigo publicado no periódico *Commune* em abril de 1935 – que celebra, citando Rimbaud, as "Jeanne-Marie dos subúrbios", cujas mãos

> Desfaleceram, sonhadoras [*ont pâli, merveilleuses*]
> Ao sol do amor que então surgia [*Au grand soleil, d'amour chargé*]

No bronze das metralhadoras [*Sur le bronze des mitrailleuses*]
Pela Parisque se insurgia [à tarves Paris insurgé]

A participação feminina na Comuna também é evocada num outro parágrafo do mesmo texto de Aragon, que constata a presença, nas assembleias da Comuna, de poetas, escritores, pintores, cientistas e de "operários de Paris".[166] Como se viu a propósito dos levantes populares dos anos 1830-1848, o papel revolucionário das mulheres é um dos aspectos importantes, para Benjamin, da "tradição dos oprimidos" em Paris.

Para documentar esse papel, ele não hesita em apelar aos documentos reacionários, como a gravura que representa a Comuna sob os traços de uma mulher montando uma hiena, deixando para trás as chamas negras de casas que queimam...[167] Curiosamente, a questão das barricadas não é mais abordada nessas notas sobre a Comuna. Em todo caso, para além do silêncio e das ambiguidades, não há dúvida de que a guerra civil de 1871 representa também, aos olhos de Benjamin, um exemplo notável da cidade de Paris como lugar do impiedoso enfrentamento entre as classes.

166 W.Benjamin. *Paris, capitale du XIXᵉsiècle*, p. 789.
167 *Ibidem*, p. 790.

# 7 Teologia e antifascismo em Walter Benjamin

O crescimento do fascismo na Itália, Alemanha, Áustria, Espanha, ao longo da primeira metade do século XX, foi muitas vezes apoiado, legitimado e autorizado por argumentos teológico-cristãos. Carl Schmitt é somente o representante mais erudito desse uso reacionário da herança teológica.

No entanto, encontra-se também, tanto nos autores cristãos quanto nos judeus, uma hermenêutica teológica a serviço do antifascismo e do socialismo (utópico, libertário ou marxista). Walter Benjamin é um dos representantes mais interessantes dessa abordagem; sua reflexão se inspira especialmente em referências messiânicas judias, mas em seu discurso político-teológico aparecem também figuras e imagens cristãs.

Benjamin foi um dos primeiros intelectuais da esquerda alemã a denunciar a ideologia do fascismo. Em 1930, ele publicou um artigo polêmico contra o culto místico da guerra em Ernst Jünger, sob o título "Teorias do fascismo alemão". A conclusão desse texto é sem ambiguidade: ao discurso "mágico" sobre a guerra dos fascistas é preciso opor "o golpe de prestidigitação marxista que, sozinho, é capaz de combater este obscuro encanto" – a saber, a metamorfose da guerra em "guerra civil"".[168]

---

168 W. Benjamin, "Théories du fascisme allemande", 1930, in *Oeuvres II*, Gallimard, "Folio-essais", 2000, p. 215.

Depois da tomada de poder pelo nazismo e seu exílio (1933), o combate ao fascismo não para de alimentar seus escritos. Prova disso é a renomada conclusão do ensaio sobre "A obra de arte na era da sua reprodutibilidade técnica" (1935): contra a estetização fascista da política, os marxistas devem responder pela politização da arte. Se, nos seus textos, o fascismo aparece como um amálgama estranho de cultura arcaica e modernidade tecnológica, é este segundo aspecto que predomina na segunda metade dos anos 1930.

Em seu último texto, as Teses *Sobre o conceito de história* (1940), encontraramos uma crítica amarga das ilusões da esquerda – prisioneira da ideologia do progresso linear – a respeito do fascismo, que essa ideologia parece considerar uma exceção à norma do progresso, uma "regressão" inexplicável, um parêntese na caminhada para frente da humanidade.

Dois exemplos permitem ilustrar o que quer dizer o autor das Teses:

- Para a social-democracia, o fascismo era um vestígio do passado, anacrônico e pré-moderno. Karl Kautsky, em seus escritos dos anos 1920, explicava que o fascismo só era possível num país semiagrário como a Itália, mas nunca poderia instalar-se em uma nação moderna e industrializada como a Alemanha...

- Quanto ao movimento comunista oficial (stalinista), esse estava convencido de que a vitória de Hitler em 1933 seria efêmera: uma questão de algumas semanas ou alguns meses, até que o regime nazista fosse derrubado pelas forças operárias e progressistas, sob a direção iluminada do KPD (Partido Comunista Alemão).

Benjamin tinha entendido perfeitamente a modernidade do fascismo, sua relação íntima com a sociedade industrial/

capitalista contemporânea. Daí a sua crítica, na Tese VIII, aos mesmos que se surpreenderam com o fato de o fascismo "ainda" ser possível no século XX, cegos pela ilusão segundo a qual o progresso científico, industrial e técnico é incompatível com a barbárie social e política.

Há de haver, observa Benjamin em uma das notas preparatórias às Teses, uma teoria da história a partir da qual o fascismo possa ser desvelado (*gesichtet*).[169] Só uma concepção sem ilusões progressistas pode dar conta de um fenômeno como o fascismo, profundamente enraizado dentro do "progresso" industrial e técnico moderno, que era possível, em última análise, *só* no século XX.

A compreensão de que o fascismo pode triunfar nos países mais "civilizados" e que o "progresso" não o fará desaparecer automaticamente nos permitirá aprimorar nosso posicionamento na luta antifascista, pensa Benjamin. Uma luta cujo objetivo supremo é produzir "o *verdadeiro* estado de exceção", ou seja, a abolição da dominação, a sociedade sem classes.

A partir de 1933, e mais ainda depois do Tratado de Munich de 1938, a União Soviética aparece aos olhos de Benjamin, como aos de numerosos intelectuais de esquerda em toda a Europa, como o único recurso frente à ameaça fascista, a última barreira às pretensões imperialistas do Terceiro Reich. Em uma carta do dia 3 de agosto de 1938 para Max Horkheimer, ele manifesta, "com muita reserva", a esperança, "pelo menos por ora", que se possa considerar o regime soviético – que ele descreve sem adorno como uma "ditadura pessoal com todo o seu terror" – como "o agente dos nossos interesses em uma guerra futura".

---

169 W. Benjamin, *Gesammelte Schriften (GS)*, Francfort/Main: Suhrkamp, 1980, Bd. I, 3, p. 1244.

Benjamin acrescenta que se trata de um agente que "custa o maior valor imaginável, na medida em que se paga o preço de sacrifícios, que corroem particularmente os interesses que são próximos como produtores" – uma expressão que sem dúvida faz referência à emancipação dos trabalhadores e ao socialismo.[170] O Pacto Molotov-Ribbentrop (1939) vai minar fortemente esta última ilusão.

É provavelmente a este evento que ele se refere na Tese X, ao falar dos "políticos nos quais os adversários do fascismo tinham colocado a sua esperança", que "se estendem quase mortos no chão" e "agravam a sua derrota, traindo a sua própria causa". A expressão procura sem dúvida os comunistas (stalinistas), que "traíram a sua causa" compactuando com Hitler.

Mais precisamente, a frase refere-se ao KPD (Partido Comunista Alemão), que, ao contrário do PC soviético, "estendia-se no chão". Segundo Benjamin, a esperança de um combate consequente contra o fascismo é levantada pelo movimento comunista, muito mais do que pela social-democracia.

No entanto, o pacto prejudicou essa esperança. A "traição" designa não somente o acordo entre Molotov e Ribbentrop, como também a sua legitimação pelos diferentes partidos comunistas europeus que adotarão a "linha" soviética.[171]

---

170 Carta citada por T. Tiedemann, *Dialektik im Stillstand. Versuche zum Spätwerk Walter Benjamins*, Francfort/Main:Suhrkamp, 1983, p. 122.

171 Um exemplo do que Benjamin sentia como traição ao combate antifascista: o Conselho Central do KPD adota em julho de 1939 uma resolução que, reafirmando sua oposição a Hitler, "louva o tratado de não agressão entre a União Soviética e a Alemanha" e pede "o desenvolvimento de relações econômicas com a União Soviética dentro do espírito de uma amizade sincera e sem reserva entre os dois países"!

Na verdade, Benjamin partilha acondenação categórica do tratado com vários outros comunistas alemães dissidentes exilados em Paris, como seu amigo Heinrich Blücher (o marido de Hannah Arendt), Willy Münzenberg ou Manes Sperber.[172]

É também a partir de 1938 que uma dimensão teológica – muito presente nos seus escritos de juventude – vai reaparecer nos seus trabalhos e impregnar de maneira forte sua reflexão antifascista – que não deixa de se referir ao materialismo histórico marxiano.

Nesse ano, Benjamin publica um artigo sobre o romance da escritora comunista judia-alemã exilada, Anna Seghers, *Die Rettung* (O resgate), sob o título "Uma crônica dos desempregados alemães" (1938). Esse texto surpreendente em vários aspectos pode ser considerado um tipo de sequência do grande ensaio sobre "O Narrador" de 1936: Seghers é apresentada não como romancista, mas sim como *narradora* (*Erzähkerin*), e seu livro como uma *crônica* (*Chronik*), o que lhe confere um alto valor espiritual e político.

Benjamin compara a arte dela àquela das miniaturas de antes da perspectiva, ou dos cronistas da Idade Média, cujas personagens vivem em uma época que "percebe o Reino de Deus como uma catástrofe". A catástrofe que se abateu sobre os desempregados e os trabalhadores alemães, o Ter-

---

(Cf. Theo Pirker (éd.), *Utopie und Mythos der Welt-revolution. Zur Geschichte der Komintern 1920-1940*, Munich: DTV, 1964, p. 286).

172 Sem falar de Léon Trotsky, que, desde o seu exilo no México, tinha denunciado o tratado como uma verdadeira "traição" que tinha feito de Stalin "o novo amigo de Hitler", e seu "mordomo" (fornecedor de matérias-primas). Cf. Seus artigos do dia 2 até o dia 4 de setembro de 1939 em Léon Trotsky, *Sur La Deuxième Guerre mondiale*, textos compilados e com prefácio de Daniel Guérin, Bruxelles: Éditions La Taupe, 1970, p. 85-102.

ceiro Reich, é o exato oposto desse *Reich Gottes*: "ela é algo como a sua imagem invertida (*Gegenbild*), o advento do Anticristo. Como se sabe, este imita a benção prometida pela era messiânica. De maneira análoga, o Terceiro Reich imita o socialismo".[173]

O que Benjamin esboça aqui – sobre a um romance de inspiração comunista! – é um tipo de crítica teológica, judaico-cristã, do nazismo como falso messias, como anticristo, como manifestação diabólica de um espírito do mal, enganador e esperto. Como se sabe, o Anticristo é uma figura arcaica que aparece pela primeira vez nas epístolas de João, mas que tira suas origens na noção de *antimessias* já presente no judaísmo. De natureza escatológica, ela designa um impostor maléfico que tenta, pouco antes do fim do mundo, substituir-se a Jesus Cristo.

O socialismo é assim interpretado, teologicamente, por Benjamin como o equivalente da promessa messiânica, enquanto o regime de Hitler, esta imensa mistificação que se proclama "socialista nacional", se aparenta com o Anticristo, isto é, das potências infernais: a expressão "inferno nazista radiante" (*die strahlende Nazihölle*) aparece mais à frente no texto.

Benjamin tinha provavelmente se inspirado, para esboçar esse paralelo surpreendente, nos escritos do seu amigo e correspondente, o teólogo protestante – e socialista revolucionário militante – suíço Frits Lieb, que, desde 1934, tinha definido o nazismo com Anticristo moderno. À ocasião de uma palestra em 1938, Lieb tinha expressado sua esperança de ver a derrota do Anticristo em um último combate contra

173 W. Benjamin, "Eine Chronik der deutschen Arbteitlosen", *GS*, III, p. 534-535.

os Judeus, a aparição do Messias - o Cristo - e o estabelecimento do seu Reino milenar.[174]

Depois de ter homenageado Anna Seghers por ter reconhecido, corajosamente e sem ambiguidade, o fracasso da revolução na Alemanha, Benjamin conclui seu texto com uma pergunta angustiada: "Esses seres humanos poderão *se liberar*?" (*Werdensich diese Menschen befreien?*) A única esperança seria uma *Redenção* (*Erlösung*) - mais um conceito messiânico -, mas de onde é que ela viria? A resposta, dessa vez, é profana: a salvação virá das crianças, as crianças proletárias das quais o romance fala.

O conceito de "Anticristo" é encontrado novamente nas Teses de 1940. Na Tese VI, "o messias não vem só como redentor, mas como vencedor do Anticristo". Ao comentar este trecho, Tiedemann constata um paradoxo inusitado: "Em nenhum outro lugar, Benjamin fala de maneira tão diretamente teológica, mas em nenhum outro lugar ele tem uma intenção tão materialista". É preciso reconhecer no Messias a classe proletária e no Anticristo as classes dominantes.[175]

A observação é pertinente, mas teria de adicionar algumas precisões. Benjamin é consciente de que as massas proletárias podem ser mistificadas pelo fascismo. Em um artigo redigido para a Conferência de Pontigny sobre Baudelaire (1939), Benjamin observava que as multidões estão hoje

---

174 Cf. Chrissoula Kambas, "Wider den 'Geist der Zeit'. Die anti-faschitische Politik Frits Liebs und Walter Benjamin", in J. Taubes (éd.), *Der Fürstdisser Welt. Carl Schmitt und die Folgen*, Munich, Fink, 1983, p. 582-583. Lieb e Benjamin partilhavam a convicção de que havia de resistir ao fascismo com armas na mão.

175 R. Tiedmann, "Historischer Materialismus oder politischer Messianismus? Politische Gehalte in der Geschichts philosophie Walter Benjamins", in P. Bulthaup (éd.), *Materialenzu Benjamins Thesen*, Francfort/Main: Suhrkamp taschenbuch, 1975, p. 93-94.

"moldadas pelas mãos dos ditadores". Mas ele não perde a esperança de "vislumbrar, nas multidões submissas, núcleos de resistência – núcleos que formaram as massas revolucionárias de Quarenta e oito e os *communards*".[176]

Em outros termos: em um momento de extremo perigo, apresenta-se uma constelação salvadora ligando o presente ao passado. Um passado onde brilha, apesar de tudo, na sombra noite do fascismo triunfando, a estrela da esperança, a estrela messiânica da redenção – o *Stern der Erlösung* de Franz Rsenzweig – a faísca da insurreição revolucionária.

Segundo Benjamin, o equivalente – o "correspondente", no sentido das *correspondências* de Baudelaire – profano do Messias são, hoje, os núcleos de resistência antifascistas, as futuras massas revolucionárias herdeiras da tradição de junho de 1848 e de abril e maio 1871. Quanto ao Anticristo – que ele não hesita a integrar dentro do seu argumento messiânico de inspiração explicitamente judia –, seu homólogo secular não são, como vemos acima, as "classes dominantes no geral", mas o Terceiro Reich hitleriano.

Como esta teologia messiânica pode se articular com o materialismo histórico?

Essa pergunta é claramente destrinchada por Benjamin na Tese I. Para dar conta dessa associação paradoxal entre o materialismo e a teologia, Benjamin vai criar uma *alegoria* irônica: um autômato jogador de xadrez – o materialismo histórico – que pode ganhar cada jogo graças a um anão escondido dentro do aparelho – a teologia.

Vamos tentar decifrar o significado dos elementos que compõem essa alegoria estranha. Primeiro, o *autômato*: é

---

176 Walter Benjamin, "Notes sur les Tableaux parisiens de Baudelaire", 1939, *GS*, I, 2, p. 748.

um boneco ou fantoche "que chamamos 'materialismo histórico'". O uso das aspas e a forma da frase sugerem que este autômato não é o "verdadeiro" materialismo histórico, mas o que é *comumente* chamado assim. "Comumente" por quem? Os principais porta-vozes do marxismo na época, isto é, os ideólogos da Segunda e da Terceira Internacional.

Segundo Benjamin, o materialismo histórico se torna efetivamente, nas mãos deles, um método que enxerga a história como um tipo de *máquina* dirigindo *automaticamente* ao triunfo do socialismo. Para este materialismo *mecânico*, o desenvolvimento das forças produtivas, o progresso econômico, as "leis da história", levam necessariamente, automaticamente, à crise final do capitalismo e à vitória do proletariado (versão comunista) ou às reformas que transformarão gradativamente a sociedade (versão social-democrata). No entanto, esse autômato, esse fantoche, esse boneco mecânico não é capaz de *ganhar o jogo*.

"Ganhar o jogo" tem um duplo sentido aqui:

- Interpretar corretamente a história, lutar contra a visão da história dos opressores;
- Vencer o inimigo histórico propriamente dito, as classes dominantes – em 1940: *o fascismo*.

Os dois sentidos são para Benjamin intimamente ligados, na unidade indissolúvel entre teoria e prática: sem uma interpretação correta da história, fica difícil, senão impossível, lutar de maneira eficaz contra o fascismo. A derrota do movimento operário marxista – na Alemanha, na Áustria, na Espanha, na França – frente ao fascismo demonstra a incapacidade deste boneco sem alma, deste autômato sem sentido, de "ganhar o jogo" – uma partida onde se joga o futuro da humanidade.

Para vencer, o materialismo histórico precisa da ajuda da teologia: é o *anão* escondido dentro da máquina. Essa alegoria é, como se sabe, inspirada em um conto de Edgar Allan Poe – traduzido por Baudelaire – que Benjamin conhecida muito bem: "O jogador de xadrez de Maelzel". Trata-se de um autômato jogador de xadrez apresentado em 1769 na corte de Viena pelo barão Wolfgang von Kempelen e que terminará, depois de diversas peripécias, nos Estados Unidos, em uma turnê organizada por um inventor-empreendedor vienense, Johann Nepomuk Maelzel.

Poe descreve esse autômato como uma figura "vestida à *La turque*", cuja "mão esquerda segura um cachimbo" e que, se fosse uma máquina "sempre deveria ganhar" as partidas de xadrez. Uma das hipóteses de explicação de Poe é que um anão, previamente escondido dentro do aparelho, "fazia a máquina se mexer". A similitude – quase palavra por palavra – com a Tese I é óbvia.[177]

A meu ver, a ligação entre o texto de Poe e a Tese de Benjamin não é somente anedótica. A conclusão filosófica de "O jogador de xadrez de Maelzel" é a seguinte: "É certeza que as operações do autômato são regidas pelo *espírito* e não por alguma outra coisa". O *espírito* de Poe se torna em Benjamin a *teologia*, isto é, *o espírito messiânico*, sem o qual o materialismo histórico não pode "ganhar o jogo", nem a revolução triunfar do fascismo.

177 Edgar Allan Poe, "Le Joueurd'échec de Maelzel", in *Histoires grotesques et sérieuses*, trad. de Charles Baudelaire, Paris: Folio, 1978, p. 100-128.

Parece-me que Ralph Tiedemann está enganado quando, no seu livro sobre as Teses de Benjamin – aliás, muito interessante – escreve: "O anão teológico está morto também, pois ele se tornou uma peça de um aparelho morto. O conjunto do autômato está morto, e já representa talvezo campo de morte e as ruínas da Tese IX."[178] Se o conjunto, anão inclusive, estivesse morto e fosse arruinado, como ele pode ganhar o jogo contra o adversário? O que a tese sugere é exatamente o contrário: graças à ação vivificante do anão o conjunto se torna vivo e ativo.

A teologia, como o anão na alegoria, atualmente não pode agir senão de maneira *oculta, no interior* do materialismo histórico. Em uma época racionalista e agnóstica, ela é uma "velha feia e encolhida" (tradução de Benjamin) que tem de ser esconder... Curiosamente, Benjamin não parece se conformar com essa regra, pois nas Teses, a teologia é realmente *visível.* Talvez se trate de um conselho aos leitores do documento: usem a teologia, mas não a mostrem.

Ou então, na medida que o texto não era destinado à publicação, não era necessário esconder o anão corcunda dos olhares do público. De qualquer modo, o raciocínio é análogo ao de uma nota do *Livro das Passagens Parisienses*, que Benjamin tinha integrado aos materiais preparatórios das Teses: "Meu pensamento se comporta em relação à teologia como o mata-borrão com tinta. Ele é totalmente impregnado dela. Mas se o mata-borrão dominasse, nada do que está escrito existiria".[179]

Mais uma vez, a imagem de uma presença determinante – porém invisível – da teologia no coração do pensamento

---

178 R. Tiedemann, *Dialektik im Stillstand.Versuche zum Spätwerk Walter Benjamins*, p. 118.
179 *GS I*, 3, p. 1235.

"profano". Aliás, a imagem é bastante curiosa: na verdade, como sabem os que praticaram este instrumento agora em desuso, rastros do escrito com tinta sempre ficam na superfície do mata-borrão, porém espelhadas!

O que significa "teologia" para Benjamin? O termo remete a dois conceitos fundamentais: a *rememoração (Eingedanken)* e a *redenção messiânica (Erlösung)*. Os dois são componentes essenciais do novo "conceito de história" que as Teses constroem.

Como, então, interpretar a relação entre a teologia e o materialismo? Essa questão está apresentada de maneira eminentemente paradoxal na alegoria: primeiro o anão teológico aparece como sendo o mestre do autômato, do qual ele se serve como um instrumento; no entanto, no fim, está escrito que o anão está "ao serviço" do autômato.

O que significa esta inversão? Uma hipótese seria que Benjamin quer mostrar a *complementaridade dialética* entre os dois: a teologia e o materialismo histórico são às vezes mestre, às vezes servo, eles são ao mesmo tempo o mestre e o servo um do outro, eles precisam um do outro.

Há de se levar a sério a ideia segundo a qual a teologia está "a serviço" do materialismo – fórmula que inverte a tradicional definição escolástica da filosofia como *ancila theologiae*, "servidora da teologia". A teologia para Benjamin não é um objetivo em si, ela não pretende a contemplação inefável das verdades eternas, e ainda menos, como indica a sua etimologia, a reflexão sobre a natureza do Ser divino: ela está *a serviço* da luta dos oprimidos.

Mais precisamente, ela deve servir para reestabelecer a força explosiva, messiânica, revolucionária, do materialismo histórico – reduzido a um miserável autômato por seus epígonos. O materialismo histórico do qual Benjamin trata nas teses seguintes é o que resulta dessa vivificação, dessa ativação espiritual pela teologia.

Segundo Gerhard Kaiser, nas Teses, Benjamin "teologiza o marxismo. O verdadeiro materialismo histórico é a verdadeira teologia [...]. Sua filosofia da história é uma teologia da história". Esse tipo de interpretação destrói o equilíbrio delicado entre as duas componentes, reduzindo uma à outra. Qualquer reducionismo unilateral – num sentido como no outro – é incapaz de dar conta da dialética entre teologia e materialismo e sua necessidade recíproca.

No sentido invertido, Krista Greffrath acha que "a teologia das Teses é uma *construção auxiliar* [...] necessária para arrancar a tradição do passado das mãos dos seus gestores atuais". Essa interpretação corre o risco de dar uma visão exageradamente contingente e *instrumental* da teologia, quando se trata na verdade de uma dimensão essencial do pensamento de Benjamin desde seus primeiros escritos de 1913.

Por fim, Heinz-Dieter Kittsteiner acredita perceber uma espécie de distinção de funções entre o boneco e o anão: "O materialismo histórico enfrenta o presente como marxista, o passado como teólogo da rememoração." Porém, essa divisão do trabalho não condiz com as ideias de Benjamin: segundo ele, o marxismo é tão necessário para a compreensão do passado quanto a teologia para a ação presente e futura.[180]

A fim de entender melhor a significação do messianismo em Benjamin, é útil analisar uma passagem importante da Tese II:

---

180 Os artigos de G. Kaiser, K. Greffrath e H-D Kittsteiner encontram-se em Peter Bulthaup (éd.), *Material zu Benjamins Thesen 'Über den Begriff der Geschiste'*, Francfort/Main: Suhrkamp, 1975.

> Existe um encontro secreto marcado entre as gerações precedentes e a nossa. Então, alguém na Terra esteve à nossa espera. Se assim é, foi-nos concedida, como a cada geração anterior à nossa, uma frágil força messiânica para a qual o passado dirige um apelo.

Em outros termos, a redenção messiânica/revolucionária é uma tarefa que nos é atribuída pelas gerações passadas. Não tem Messias mandado do céu: nós somos o messias, cada geração detém uma parcela do poder messiânico que ela tem que exercitar.

A hipótese herética, do ponto de vista do judaísmo ortodoxo, de uma "força messiânica" (*messianische Kraft*) atribuída aos humanos está apresentada igualmente em outros pensadores judeus de Europa central, como Martin Buber.[181] Porém, enquanto, para ele, trata-se de uma força auxiliar, que nos permite cooperar com Deus na obra da redenção, em Benjamin essa dualidade parece apagada – no sentido de *aufgehoben*.

Deus é ausente e a tarefa messiânica é inteiramente entrega às gerações humanas. O único messias possível é coletivo: a humanidade mesma – e mais precisamente, como veremos mais à frente, a humanidade oprimida. Não se trata de esperar o Messias, ou de calcular o dia da sua chegada – como nos cabalistas e outros místicos judeus praticantes da *guématria* –, mas de agir coletivamente. A redenção é uma autorredenção, da qual podemos encontrar o equivalente profano em

---

181 Segundo Buber, para o judaísmo hassídico, Deus não quer a redenção sem a participação dos seres humanos: foi acordada às gerações humanas uma "força cooperadora" (*mitwirkende Kraft*), uma força messiânica (*messianische Kraft*) atuante. M. Buber, *Die Chassidische Bücher*, Berlin: Schoken, 1927, p. XXIII, XXVI, XXVII.

Marx: os homens fazem a sua própria história, a emancipação dos trabalhadores será a obra dos trabalhadores mesmos.

Por que este poder messiânico é *fraco (schwache)*? Essa é talvez a conclusão melancólica que tira Benjamin dos fracassos passados e presentes do combate emancipador. A redenção é tudo menos certa; é somente uma pequena possibilidade que se deve saber agarrar.

Segundo Jürgen Habermas, o direito que o passado exerce sobre o nosso poder messiânico "só pode ser respeitado se renovar constantemente o esforço crítico do olhar que enxerga um passado histórico reclamando sua liberação".[182] Essa observação é legítima, no entanto demasiada restritiva. O poder messiânico não é unicamente *contemplativo* – "o olhar sobre o passado". Ele também é *ativo*: a redenção é uma tarefa revolucionária que se realiza no presente. Não se trata só de memória, mas, como lembra a Tese I, se trata de *ganhar o jogo* contra um adversário potente e perigoso: o fascismo.

Se o profetismo judeu é ao mesmo tempo a lembrança de uma promessa e o chamado para uma transformação radical, em Benjamin a potência da tradição profética e a radicalidade da crítica marxista se unem na exigência de uma salvação que não é a simples restituição do passado, mas a transformação ativa do presente. Em setembro de 1940, Benjamin foi detido pela polícia espanhola em Port-Bou, na fronteira entre a França de Vichy e a Espanha de Franco. Ameaçado de ser entregue à Gestapo, ele escolhe o suicídio: este foi seu último ato de resistência ao fascismo.

---

182 J. Habermas, "L'actualité de W. Benjamin", *Revue d'Ésthétique*, n.1, 1981, p. 112.

# 8 O ponto de vista dos vencidos na história da América Latina - reflexões metodológicas a partir de Walter Benjamin[183]

Estamos acostumados a classificar as diferentes filosofias da história segundo o seu caráter progressista ou conversador, revolucionário ou nostálgico do passado. Walter Benjamin não se encaixa nessas classificações. Ele é um crítico revolucionário da filosofia do progresso, um romântico adversário do conservadorismo, um nostálgico do passado que sonha com o futuro, um materialista fascinado pela teologia. Ele é, no sentido estrito do termo, *inclassificável*. Ele reclamava, desde 1924, do materialismo histórico, porém a sua leitura de Marx, alimentada do romantismo alemão e do messianismo judeu, era exatamente heterodoxa.

A fórmula mais surpreendente e radical da nova filosofia da história de Walter Benjamin encontra-se sem dúvida nas Teses *Sobre o conceito de história* - redigidas, como se sabe, em 1940, pouco antes do seu suicídio em Port-Bou, último recurso para escapar da Gestapo.

A exigência fundamental de Benjamin nesse documento é de escrever a história "a contrapelo", isto é, *seguindo o*

183 Publicado pela primeira vez em Philippe Simay. "Walter Benjamin, la tradition des vaincus", *Cahiers d'anthropologie sociale*, Paris: L'Herne, 2008.

*ponto de vista dos vencidos,* contra a tradição conformista do historicismo alemão, cujos apoiardes estiveram sempre "em empatia com o vencedor" (Tese VII).

É óbvio que a palavra "vencedor" não se refere, para Benjamin, às batalhas ou às guerras habituais, mas à *luta de classes* na qual um dos lados, a classe dominante, "não tem cessado de vencer" (Tese VII) os oprimidos – desde Spartacus, o gladiador rebelde, até o grupo Spartakus de Rosa Luxemburgo, e desde o *Imperium* romano até o *Tertium Imperium* hitleriano.

O historicismo identifica-se de maneira empática (*Einfühlung*) comas classes dominantes. Ele vê a história como uma sucessão gloriosa de altos fatos políticos e militares. Elogiando os poderosos e homenageando-os, o historicismo outorga a eles o estatuto de herdeiros da história passada. Dito de outra forma, ele participa – como essas personagens que levantam a coroa de louros acima da cabeça dos vencedores – "deste cortejo triunfal onde os mestres de hoje pisam nos corpos dos vencidos" (Tese VII).

O despojo carregado neste cortejo é o que chamamos de "bens culturais". Benjamin salienta que não se pode esquecer a origem desses bens: "Cada testemunho de cultura é ao mesmo tempo um testemunho de barbárie" (Tese VII). Por exemplo, as pirâmides do Egito, erguidas por escravos hebreus, ou o Palácio de Cortês em Cuernavaca, construído por indígenas mexicanos subjugados.

A crítica de Benjamin ao historicismo se inspira na filosofia marxista da história, mas também tem origem nietzscheana. Em umas das suas obras de juventude, *Sobre a utilidade e os inconvenientes da história* (citada na Tese XII), Nietzsche ridiculariza a "admiração nua do sucesso" dos historicistas, a "idolatria pelo o fatual" (*Götzerdienste* dês *Tatsächlichen*) e a tendência deles a se curvarem frente à "potência da história". Sendo que o Diabo é o mestre do sucesso e do progresso, a virtude verdadeira consiste em se erguer contra a tirania da realidade e em nada contra a corrente histórica.[184]

Existe uma ligação óbvia entre esse panfleto nietzscheano e a exortação de Benjamin em escrever a história *gegenden Strich*. Mas as diferenças não são menos importantes: enquanto a crítica de Nietzsche contra o historicismo se articula em nome da "Vida" ou do "Indivíduo heroico", a de Benjamin fala em nome dos vencidos. Como marxista, este último se situa nos antípodas do elitismo aristocrático do primeiro e escolhe identificar-se aos "amaldiçoados da terra", os que estão deitados abaixo das rodas desses tanques majestosos e maravilhoso chamados Civilização e Progresso.

As lutas de liberação do presente, insiste Benjamin (Tese XII), se alimentam do sacrifício das gerações vencidas, da memória dos mártires do passado. Traduzindo isso em termos da história moderna da América Latina: a memória de Cuauhtémoc, Tupac Amaru, Zumbi dos Palmares, José Marti, Emiliano Zapata, Augusto Sandino, Farabundo Marti...

A proposta de Benjamin sugere um novo método, uma nova abordagem, uma perspectiva "para baixo", que pode ser aplicada a todos os campos da ciência social: a história, a antropologia, a ciência política.

Benjamin se deteve pouco na história da América Latina. No entanto, encontramos uma impressionante crítica à conquista ibérica em um texto bastante curto, porém extre-

---

184 Friedrich Nietzsche, *Vom Nutzen und Nachteil der Historie für das Leben*, Stuttgart: Reclam, 1982, p. 82, 86, 96; "Considération inactuelle II", in *Oeuvres philisophiques complètes*, II, 1, tr. fr. Pierre Rusch, Paris: Gallimard, 1990.

mamente interessante, que foi totalmente esquecido pelos críticos e os especialistas da sua obra: o relatório que ele publicou em 1929 sobre a obra de Marcel Brion a propósito de Bartolomeu de las Casas (1474-1566), o famoso bispo que tomou a defesa dos índios no México.

Trata-se do livro de Marcel Brion, *Bartolomeu De Las Casas. Bispo dos índios* (Paris, Plon, "Le Rameau d'Or", 1928) e o texto de Benjamin foi publicado no dia 21 de junho de 1929 na revista alemã *Die Literaische Welt*. "A Conquista, este primeiro capítulo da história colônia europeia", escreve Benjamin, "transformou o mundo recentemente conquistado em uma câmara de torturas".

As ações da "soldadesca hispânica" criaram uma nova configuração do espírito (*Geistesverfassung*) "que não podemos representar sem horror (*Grauen*)". Como toda colonização, a do novo continente tinha suas razões econômicas – os imensos tesouros de ouro e prata das Américas – mas os teólogos oficiais tentaram justificá-la com argumentos jurídico-religiosos: "As Américas são um bem sem dono; a submissão é uma condição da missão: intervir contra os sacrifícios humanos dos mexicanos é um dever cristão".

Bartolomeu De Las Casas, "um combatente heroico na mais alta posição", lutou pela causa dos povos indígenas, enfrentando, na famosa controvérsia de Valladolid (1550), o cronista e cortesão Juen Ginés de Sepúlveda, "o teórico da razão do Estado". Ele finalmente conseguiu obter do rei da Espanha a abolição da escravidão e da *encomienda* (forma de submissão) – medidas que nunca foram efetivamente aplicadas nas Américas.

Observamos aqui, salienta Benjamin, uma dialética histórica no campo da moral: "Em nome do cristianismo, um bispo se opõe às atrocidades (*Greuel)* cometidas em nome do catolicismo" – da mesma maneira que um outro bispo, Bernardino de Sahagún, salvou na sua obra a herança indígena destruída sob o patrocínio do catolicismo.[185]

Mesmo que seja um texto curto, trata-se de uma fascinante aplicação de seu método – interpretar a história sob o ponto de vista dos vencidos, utilizando o materialismo histórico – ao passado da América Latina. Notaremos também o seu comentário sobre a dialética cultural do catolicismo que é quase uma intuição da futura teologia da libertação.

Um exemplo latino-americano recente permite ilustrar o significado da exigência metodológica de "escovar a historia a contrapelo": as celebrações do Quinta Centenário da "Descoberta das Américas" por Cristovão Colombo (1492-1992). As festividades político-culturais organizadas pelos Estados, as Igrejas ou a iniciativa privada são manifestações típicas do que Benjamin chamava de empatia com os vencedores – aqui os *Conquistadores* do século XVI – uma *Einfühlung* que beneficia invariavelmente os poderosos atuais: as elites financeiras e políticas, locais e multinacionais, que herdaram o poder dos antigos colonizadores ibéricos.

Escrever a história a contrapelo significa rejeitar toda identificação afetiva com os heróis oficiais do Quinto Centenário: os conquistadores e os missionários, as potências europeias que pretendem ter levado "religião, cultura e civilização aos Índios selvagens". Isso implica também considerar cada monumento da cultural colonial – por exemplo, as fantásticas catedrais de México ou de Lima – como sendo

---

185 W. Benjamin, *Gesammelte Schriften*, Francfort/Main: Suhrkamp, 1980, Bd. III, p. 180-181.

*também* provas de barbárie (Tese VII), isto é, como produtos de guerra, de conquista, de opressão, de intolerância.

Durante séculos, a história "oficial" da Descoberta, da Conquista e da Evangelização – todas com maiúsculas – foi não só hegemônica, como praticamente a única na cena política e cultural. Mesmo entre os primeiros socialistas latino-americanos, como o argentino Juan B. Justo, encontramos, no começo do século XX, uma celebração incondicional das guerras de conquista dos "civilizados" contra os povos indígenas "selvagens":

> [...] com um esforço militar que não compromete nem a vida nem o desenvolvimento da massa do povo superior, estas guerras abrem à civilização territórios imensos. Podemos reprovar a penetração dos europeus na África porque ela foi acompanhada de crueldades? [...] Vamos nos reprimir por ter tirado o controle da Pampa dos caciques indígenas?

Juan B. Justo conclui sua análise com uma grandiosa perspectiva de futuro:

> Uma vez suprimidos (*sic*) ou submetidos os povos selvagens e bárbaros, e integrados todos os homens ao que chamamos hoje de civilização, o mundo estará mais próximo da unidade e da paz, o que se traduzirá por uma maior uniformidade do progresso.[186]

É somente com a Revolução Mexicana de 1911 que essa visão evolucionista, euro-centrista e colonialista começa a ser contestada. Podemos considerar os murais de Diego Rivera em Cuernavaca no Palácio de Cortês (1930) um marco real na história da cultura latino-americana, pela desmistificação iconoclasta do *Conquistador* representada e pela simpatia do

186 Juan B. Justo, *Teoria y Práctica de la Historia* (1909), Buenos Aires: Ed. Libera, 1969, p. 136.

artista com os guerreiros indígenas que tentavam resistir aos invasores hispânicos.

Podemos encontrar, na mesma época, o equivalente historiográfico dessa obra de arte nos escritos do marxista peruano José Carlos Mariategui - um autor que, pelo seu marxismo romântico, sua paixão para o surrealismo e seu interesse pela obra de Georges Sorel, tem muito em comum com Walter Benjamin.

No seu livro mais conhecido, *Sete ensaios de interpretação da realidade peruana* (1928), Mariategui refere-se à sociedade pré-colombiana como a um tipo de "comunismo inca", uma organização coletivista de produção que garantia às comunidades indígenas um certo bem-estar material.

No entanto, "os conquistadores espanhóis destruíram, sem poder realmente substituí-la, esta formidável máquina de produção". Dito de outra forma:

> A destruição desta economia - e consequentemente da cultura que se alimentava da sua seiva - é uma das responsabilidades menos discutível da colonização. [...] O regime colonial desorganizou e liquidou a economia agrária inca, sem substituí-la por alguma outra mais rentável.

Longe de levar às Américas a civilização e o progresso, "a Espanha nos trouxe a Idade Média, a Inquisição, o feudalismo etc. Ela nos trouxe também a Contrarreforma: espírito reacionário, método jesuítico, casuística escolástico". Para Mariategui, o socialismo do futuro na América Latina deverá ser um socialismo ameríndio, inspirado nas raízes indígenas do continente, ainda presentes em comunidades camponesas e na memória popular.[187]

Meio século depois, *As veias abertas da América Latina* (1971, enriquecido com um posfácio de 1981), célebre livro de um dos maiores ensaísta do continente, o uruguaio Eduardo Galeano, desenha em uma síntese potente o ato de acusação da colonização ibérica e da exploração imperial, segundo o ponto de vista das suas vítimas: os indígenas, os escravos negros, os mestiços.

Benjamin falava do "cortejo triunfal" dos senhores e dos mestres, vencedores da história (Tese VII). Galeano descreve também essa continuidade na corrente histórica da dominação: na história da pilhagem da América Latina, "os conquistadores nas suas caravelas se parecem com os tecnocratas, Hernan Cortés com os Fuzileiros Navais norte-americanos, os corregedores do reinado com as missões do Fundo Monetário Internacional, os dividendos dos traficantes de escravos com os lucros da General Motors".[188]

Ao longo do debate sobre o Quinto Centenário, Galeano interveio em termos quase benjaminianos para reclamar a "celebração dos vencidos e não dos vencedores" e pedir a salvação de algumas das mais antigas tradições do continente, como um modo de vida comunitário. Pois é "dentro das nossas mais antigas origens" que a América pode tirar suas

---

187 José Carlos Mariategui, *Siete ensayos de interpretación de la realidad peruana*, 1928, Lima: Ed. Amauta, 1976, p. 12, 53-55.

188 Eduardo Galeano, *Les veines ouvertes de l'Amérique Latine*, tr. fr. C. Couffon, Plon, "Terre humaine", 1981, p. 17-18 (Ed. brasileira: *As veias abertas da América Latina*.São Paulo: Paz e Terra, 2002).

mais jovens forças vitais: "O passado nos conta coisas que interessam ao futuro".[189]

O debate sobre o Quinto Centenário de 1492 atravessou também a Igreja latino-americana. Em uma mensagem de julho de 1984, assinada pelo seu presidente, Antonio Quarracino, e seu secretário, Darío Castrillón Hoyos, os dirigentes conservadores da Conferência dos Bispos latino-americanos se posicionam claramente a favor de uma celebração incondicional da Conquista:

> A empresa da descoberta, a conquista e a colonização da América – para designar estas etapas históricas pelas palavras tradicionais – foi a obra de um mundo no qual a palavra cristandade contava ainda com um conteúdo real. Os povos europeus chegaram na América com uma herança cristã que era uma parte constitutiva do seu ser, de modo que a evangelização começou sem atraso a partir do momento que Colombo tomou posse das novas terras em nome dos reis de Espanha. A presença e a ação da Igreja sob essas terras, ao longo desses quinhentos anos, são um exemplo admirável de abnegação e de perseverança, que não precisam de nenhum argumento apologético para serem apreciadas convenientemente.[190]

Por outro lado, os setores críticos da Igreja, próximos da teologia da libertação, como Monsenhor Leonidas Proaño, "o bispo dos índios" de Equador, solidarizam-se com os indígenas do continente que não aceitaram que o Quinto Centenário fosse "o objeto de comemorações pomposas e triunfalistas, como pretendem fazer os governos e as igre-

---

189 Eduardo Galeano, ""El tigre azul y nuestra tierra prometida", in *Nosotros decimos no*, Mexico: Siglo XXI, 1991, p. 17.

190 *La Documentation catholique*, n° 1884, novembro de 1984, p. 1076-1078.

jas da Espanha, Europa e América Latina".[191] Encontramos nos herdeiros de Bartolomeu de las Casas uma nova versão da "dialética histórica" ao seio do catolicismo do qual falava Benjamin no seu texto de 1929.

Esse ponto de vista crítico também será defendido por os principais teólogos da libertação, como Enrique Dussel, José Oscar Beozzo ou Ignacio Ellacuría (assassinado pelo Exército em El Salvador em novembro de 1989). Gustavo Gutierrez contribuirá no debate com um livro em homenagem a De Las Casas, *Deus ou o ouro nas Índias (século XVI)* (Instituto Bartolomeu de las Casas, Lima, 1989) e com um ensaio sobre o Quinto Centenário, que toma explicitamente posição contra as celebrações oficiais, usando termos muito próximos dos de Benjamin:

> Há de ter coragem de ler os fatos partindo de avesso da história. É de lá que parte o nosso sentido da verdade. [...] A história escrita a partir do ponto de vista do dominador escondeu de nós durante muito tempo aspectos importantes da realidade. Precisamos conhecer a outra história que é simplesmente a história do outro, aquele outro da América Latina que sempre tem "as veias abertas" – para retomar a famosa expressão do Eduardo Galeano – precisamente porque ele não é reconhecido na plenitude da sua dignidade humana.[192]

A Comissão para o Estudo da História da Igreja na América Latina (CEHILA), cujos principais animadores, como Enrique Dussel, são próximos do cristianismo da libertação, par-

---

191 *Culture et foi*, nº 130-131, verão de 1989, p. 17-18.

192 Gustavo Gutierrez, "Vers Le Cinquième Centenaire", in *1492-1992. 500 ans d'Evangélisation*, Conselho Episcopal França-América Latina, 1990, p. 59-61.

ticipou também do debate. Em uma declaração do dia 12 de outubro de 1989, a CEHILA esboçou uma crítica radical do cristianismo dos conquistadores: "Os invasores, para legitimar a sua orgulhosa e suposta superioridade no mundo, usaram o Deus cristão, transformando-o em símbolo de poder e opressão. [...] Tal foi, pensamos, a idolatria do Ocidente".

Em vez de comemorar a descoberta, a CEHILA propõe celebrar "as revoltas contra a colonização, as lutas dos indígenas e dos escrevo afro-americanos, a rebeldia dos Tupac Amaru, Lautaro e Zumbi" – bem como a memória dos que entre os cristãos "escutaram estes gritos de dor e de protestação, de Bartolomeu de las Casas a Oscar Romero".[193]

Considerando essas críticas, os organizadores oficiais das celebrações propuseram substituir os termos de "descoberta" e "conquista" por uma expressão mais neutra e consensual: "O Encontro de dois mundos". Mas essa mudança terminológica não convenceu seus contestadores. É o caso, por exemplo, dos movimentos que se uniram – à iniciativa do Movimento dos Trabalhadores Sem Terra (MST) do Brasil – em Bogotá em maio de 1989, à ocasião do Encontro Latino-Americano das Organizações Camponesas e Indígenas, como a participação de 30 organizações provenientes de 17 países do continente.

Em suas conclusões, os delegados desse encontro proclamavam:

> Os poderosos de hoje falam do *Encontro de dois mundos*, e, sob este manto, pretendem nos fazer celebrar a usurpação e o genocídio. Não, nós não vamos celebrá-los, mas vamos estimular nossas lutas para colocar um fim a estes 500 anos de opressão e de dis-

193 CEHILA, "Déclaration de Santo Domingo", in *1492-1992. 500 ans d'Evangélisation*, p. 52-54.

> criminação e trabalhar para a construção de uma nova sociedade, democrática e respeitosa da diversidade cultural, baseada nos interesses e aspirações do povo. [...] Chamamos todos os explorados e oprimidos de América a participar da Campanha dos 500 anos de resistência indígena e popular [...], para recuperar a nossa identidade e nosso passado histórico, pois a memória dos povos é uma fonte de inspiração permanente para as lutas de emancipação e de liberação.[194]

O Quinto Centenário suscitou não só discussões e polêmicas, como atos de protesto em diversos países de língua hispânica em 1992 e no Brasil em 2000. No México, os zapatistas do *Ejército Zapatista de Liberación Nacional* (EZLN) tinham por projeto de fazer coincidir a sua insurreição com o Quinto Centenário de 1492, mas, por causa de uma preparação militar insuficiente, eles adiaram a ação para janeiro de 1994.

Eles se limitaram, em 1992, a um ato de reparação simbólica: a derrubada da estátua do Conquistador Diego de Mazariegos no centro histórico da cidade colonial de San Cristóbal de las Casas, por uma multidão de indígenas vindo das montanhas do Chiapas.

No Brasil, "descoberto" em 1500 pelo navegador português Pedro Álvares Cabral, nós assistimos também, em 2000, a celebrações oficiais imponentes, cujo símbolo era um relógio enorme instalado pelo canal comercial de televisão Globo para contar os dias e as horas até o aniversário. Com humor e irreverência, dois jovens indígenas tomaram este "Relógio dos Vencedores" como alvo de suas flechas, no momento exato da comemoração.

194 "500 años de Resistencia Indígena y Popular", *ALAI*, nº 121, 1989.

A foto foi divulgada em toda a imprensa brasileira[195]... No entanto, esse gesto reproduz, *mutatis mutandis,* o gesto do qual falava Benjamin na Tese XVI: trata-se de um episódio da Revolução de julho de 1830 que testemunha, segundo ele, uma consciência histórica da qual qualquer vestígio parece ter sumido na Europa: "Depois do primeiro dia de combate, se viu em vários lugares de Paris, no mesmo momento e sem consulta prévia, pessoas atirando em relógios".

Como podemos ver, política, história, religião e cultura estão indissociavelmente costurados nos confrontos em torno do Quinto Centenário da "descoberta" das Américas. Mas isso não teria surpreendido Walter Benjamin.

---

195 Eu o publiquei no meu livro *Walter Benjamin. Avertissement d'incendie. Une lecture des Thèses "Sur le concept d'histoire"*, 2. éd., Paris: L'éclat, "L'éclat/Poche", 2018, p. 170. (Ed. brasileira: *Walter Benjamin: aviso de incêndio.* Tradução das teses por Jeanne Marie Gagnebin e Marcos Müller; tradução do texto por Wanda Nogueira Calderia Brant. São Paulo: Boitempo, 2004).

# 9 A revolução é o freio de emergência – atualidade político-ecológica de Walter Benjamin[196]

Walter Benjamin foi um dos raros marxistas a propor, antes de 1945, uma crítica radical ao conceito de "exploração da natureza" e sua relação "criminosa" com a civilização capitalista. Desde 1928, na obra *Rua de mão única*, Benjamin denuncia a ideia de dominação da natureza como um discurso "imperialista" e propõe uma nova definição da técnica como "domínio das relações entre natureza e humanidade".

Como em escritos dos anos 1930, dos quais falaremos adiante, Benjamin se refere às práticas das culturas pré-modernas para criticar a "ganância" destrutiva da sociedade burguesa em sua relação com a natureza. "Dos mais antigos usos dos povos parece vir a nós como uma advertência: na aceitação daquilo que recebemos tão ricamente da natureza, guarda-nos do gesto da avidez". Deveríamos "mostrar um profundo respeito" pela "mãe natureza" [*terre nourricière*].

Se um dia "a sociedade, sob o efeito da desgraça e da avidez, estiver desnaturadaa ponto de somente receber os dons da natureza pelo roubo [...] seu solo empobrecerá e a terra trará más colheitas". Parece que esse dia chegou...

---

196 Publicado em "Walter Benjamin, précurseur de l'écosocialisme", in *Cahiers d'Histoire*, 130/2016, p. 33-39.

No mesmo *Rua de mão única*, encontramos o título "Aviso de incêndio" e uma premonição histórica das ameaças do progresso, intimamente associadas ao desenvolvimento tecnológico impulsionado pelo capital: se a derrubada da burguesia pelo proletariado "não estiver efetivada até um momento quase calculável de evolução econômica e técnica (a inflação e a guerra química o assinalam), tudo estará perdido. Antes que a centelha alcance a dinamite, é preciso que o pavio que queima seja cortado".[197]

Benjamin se enganou no que se refere à inflação, mas não a respeito da guerra; todavia não poderia prever que a arma "química", isto é, os gases letais, não seria utilizada nos campos de batalha como na Primeira Guerra Mundial, mas sim para o extermínio industrial de judeus e ciganos.

Na contramão do marxismo evolucionista vulgar, Benjamin não concebe a revolução como resultado "natural" ou "inevitável" do progresso técnico e econômico (ou da "contradição entre forças e relações de produção"), mas como *interrupção* de uma evolução histórica que conduz à catástrofe. A alegoria da revolução como "freio de emergência" já se encontra sugerida nessa passagem.

É exatamente porque percebe esse perigo catastrófico que Benjamin reivindica, em um artigo sobre o Surrealismo (1929), o *pessimismo* – um pessimismo revolucionário que nada tem a ver com a resignação fatalista e menos ainda com o *Kultur pessimismus* alemão, conservador, reacionário

---

197 W. Benjamin. *Sens unique*. Paris: Lettres Nouvelles/ Maurice Nadeau, 1978, p. 172-173, 205-206 e 242 (Ed. brasileira *Rua de mão única*. Tradução de Rubens Rodrigues Torres Filho e José Carlos Martins Barbosa; revisão técnica de Márcio Seligmann-Silva. 6.ed. revista. São Paulo: Brasiliense, 2012. Obras Escolhidas, vol. II).

e pré-fascista (como o de Carl Schmitt, Oswald Spengler ou Moeller van der Bruck).

Aqui, o pessimismo está a serviço da emancipação das classes oprimidas. Sua preocupação não é o "declínio" das elites ou da nação, mas a ameaça que o progresso técnico e econômico promovido pelo capitalismo representa para a humanidade.

Nesse ensaio de 1929, a filosofia pessimista da história de Benjamin manifesta-se de modo particularmente agudo em sua visão do futuro europeu: "pessimismo integral. Sem exceção. Desconfiança acerca do destino da literatura, desconfiança acerca do destino da liberdade, desconfiança acerca do destino da humanidade europeia e, principalmente, desconfiança, desconfiança e desconfiança com relação a qualquer forma de entendimento mútuo: entre as classes, entre os povos, entre os indivíduos. E confiança ilimitada apenas na I.G. Farben e no aperfeiçoamento pacífico da Força Aérea [*Luftwaffe*]."[198]

Esse olhar lúcido e crítico permite a Benjamin perceber – intuitivamente, mas com uma estranha acuidade – as catástrofes que atingiam a Europa, perfeitamente reunidas na expressão irônica "confiança ilimitada". E nem mesmo ele, o mais pessimista de todos, poderia prever a destruição que a *Luftwaffe* iria impor às cidades e às populações civis europeias.

E menos ainda que, pouco mais de uma década depois, a I.G. Farben ficaria conhecida pela produção do gás Zyklon

198 "Le surrealisme, le dernier instantané de l'intelligentsia européenne", in *Oeuvres II*, p. 132. (Ed. brasileira: *Magia e técnica, arte e política*: *ensaios sobre literatura e história da cultura.* Tradução de Sergio Paulo Rouanet; revisão técnica de Márcio Seligmann-Silva; prefácio de Jeanne Marie Gagnebin. 8. ed. revista. São Paulo: Brasiliense, 2012. Obras Escolhidas, vol. I).

B, utilizado para "racionalizar" o genocídio, ou que suas fábricas utilizariam, aos milhares, a mão de obra dos prisioneiros dos campos de concentração. Contudo, único entre todos os pensadores e dirigentes marxistas desses anos, Benjamin teve a premonição dos monstruosos desastres que a civilização industrial-burguesa em crise poderia produzir.

Embora rejeite as doutrinas do progresso inevitável, Benjamin propõe uma alternativa radical ao desastre iminente: a utopia revolucionária. As utopias, os sonhos de um futuro diferente, escreve ele em "Paris, capital do século XIX" (1935), nascem em íntima associação com os elementos de uma história primeva (*Urgechichte*), "isto é, uma sociedade sem classes", primitiva. Depositadas no inconsciente coletivo, essas experiências do passado "em interação recíproca com o novo, fazem nascer a utopia".[199]

Em um ensaio de 1935 sobre Johann Jakob Bachofen, antropólogo suíço do século XIX conhecido por suas pesquisas sobre o matriarcado, Benjamin desenvolve mais concretamente[200] essa referência à pré-história. Se a obra de Bachofen fascinou tanto os marxistas (notadamente Friedrich Engels) e os anarquistas (como Élisée Reclus), é por sua "evocação de uma sociedade comunista na aurora da história", uma sociedade sem classes, democrática e igualitária, com formas de comunismo primitivo que significavam uma verdadeira "subversão do conceito de autoridade".

As sociedades arcaicas também são caracterizadas por uma maior harmonia entre os seres humanos e a natureza.

---

199 W. Benjamin, "Paris, die Hauptstadt des XIX. Jahrhunderts", 1935, *Gesammelte Schriften (GS)*. Francfort/Main: Suhrkamp, 1977, Bd. V, 1, p. 47.
200 W. Benjamin, "Joham Jakob Bachofen (1935), em *Gesammelte Schriften*. Berlim: Suhrkamp, 1977, v. II, t.1, p. 220-230.

Em seu livro inacabado sobre as arcadas parisienses, *Passagens*, Benjamin se opõe novamente e de modo mais enérgico às práticas de "dominação" e "exploração" da natureza pelas sociedades modernas. Uma vez mais, elogia Bachofen por ter mostrado que a "concepção criminosa (*mörderisch*) de exploração da natureza", concepção capitalista/moderna predominante a partir do século XIX, inexistia nas sociedades matriarcais do passado, nas quais a natureza era percebida como uma mãe generosa (*schenkendeMutter*).[201]

Não se trata, para Benjamin – nem para Engels ou Élisée Reclus, aliás – de voltar ao passado pré-histórico, mas de propor a perspectiva de uma *nova harmonia* entre a sociedade e o ambiente natural. A seus olhos, o pensador que melhor encarna essa promessa de reconciliação futura é o socialista utópico Charles Fourier.

Somente em uma sociedade socialista, na qual a produção deixará de se fundar na exploração do trabalho humano, "o trabalho se despe de seu caráter de exploração da natureza pelo homem". Ele seguirá o modelo do jogo infantil, que em Fourier é a base do "trabalho apaixonado" dos "harmonianos": "Um trabalho animado pelo jogo não visa à produção de valores, e sim ao melhoramento da natureza. [...] Numa terra cultivada a partir dessa imagem [...] a ação iria de mãos dadas com o sonho".[202]

---

201 W. Benjamin, *Das Passagen-Werk*, GS VI, 1, p. 456. (Ed. brasileira: *Passagens*. Organização de Willi Bolle; colaboração na organização de Olgária C. F. Matos; tradução do alemão de Irene Aron; tradução do francês de Cleonice Paes Barreto Mourão; revisão técnica de Patrícia de Freitas Camargo; posfácios de Willi Bolle e Olgária C. F. Matos. Belo Horizonte: Editora UFMG, 2018).
202 *Ibidem*, p. 376-377.

Nas Teses *Sobre o conceito de história*, Benjamin volta mais uma vez a Fourier, esse utopista visionário que sonhava com "uma forma de trabalho que, longe de explorar a natureza, é capaz de dar à luz criações possíveis que dormitam em seu seio" - devaneios cuja expressão poética são suas "fantásticas fabulações", plenas de um "surpreendente bom senso".

Isso não quer dizer que Benjamin pretenda substituir o marxismo pelo socialismo utópico: ele considera Fourier um complemento a Marx e, na Tese XI, trata da discordância ente as observações de Marx sobre a natureza do trabalho e o conformismo do programa social-democrata de Gotha. De acordo com o positivismo social-democrata, representado por esse programa, e com os escritos do ideólogo Joseph Dietzgen, "o trabalho visa à exploração da natureza, exploração que é contraposta, com ingênua satisfação, à exploração do proletariado".

Trata-se, nesse tipo de ideologia, de uma "concepção da natureza que rompe contundentemente com as utopias socialistas do pré-março de 1848", em uma evidente alusão a Fourier. Pior ainda, por seu culto ao progresso técnico e seu desprezo à natureza – "gratuitamente", segundo Dietzgen –, esse discurso positivista "já mostra os traços tecnocráticos que serão encontrados mais tarde no fascismo".[203]

Encontramos nas teses de 1940 uma *correspondência* – no sentido que Baudelaire dá a esse termo em seu poema "Correspondências" – entre teologia e política: entre o paraíso

---

203 W. Benjamin. Thèses "Sur le concept d'histoire", *Oeuvres III*. Paris: Gallimard, "Folio-essais", 2000, p. 436. (Ed. brasileira: *Magia e técnica, arte e política: ensaios sobre literatura e história da cultura*. Tradução de Sergio Paulo Rouanet; revisão técnica de Márcio Seligmann-Silva; prefácio de Jeanne Marie Gagnebin. 8. ed. revista. São Paulo: Brasiliense, 2012. Obras Escolhidas, vol. I).

perdido do qual fomos afastados pela tempestade que chamamos de "progresso" e a sociedade sem classes na aurora da história: entre a era messiânica do futuro e a nova sociedade sem classes do socialismo.

Como interromper a catástrofe permanente, o acumulo de ruínas "até o céu" que resulta do "progresso" (Tese IX)? Uma vez mais, a resposta de Benjamin é religiosa e profana: isso é tarefa do messias, cujo "correspondente" profano não é outro senão a revolução. A interrupção messiânica/revolucionária do progresso é a resposta de Benjamin às ameaças que a continuidade da tempestade maligna e a iminência de novas catástrofes fazem contra a humanidade. Estamos em 1940, a alguns meses do início da Solução Final.

Nas Teses *Sobre o conceito de história*, Benjamin se refere várias vezes a Marx, mas num ponto importante ele se distancia criticamente do autor d'*O Capital*: "Marx disse que as revoluções são a locomotiva da história mundial. Talvez as coisas se apresentem de outra maneira. Pode ser que as revoluções sejam o ato pelo qual a humanidade que viaja nesse trem puxa o freio de emergência".[204]

Implicitamente, a imagem sugere que se a humanidade permitir que trem siga seu caminho – já traçado pela estrutura de aço dos trilhos – e se nada detiver sua progressão, nós nos precipitaremos diretamente em direção ao desastre ou ao abismo.

Entretanto, nem mesmo Walter Benjamin, o mais pessimista dos marxistas, poderia prever a que ponto o processo de exploração e dominação capitalista da natureza – e sua cópia burocrática nos países do Leste antes da queda do

---

204 W. Benjamin, *GS*, I, 3, p. 1232.

Muro de Berlim – conduziria a consequências desastrosas para toda a humanidade.

***

Alguns comentários sobre a atualidade político-ecológica das reflexões de Benjamin.

Neste começo do século XXI, assistimos a um "progresso" cada vez mais acelerado do trem da civilização capitalista na direção do abismo, um abismo denominado "catástrofe ecológica" e que tem, nas mudanças climáticas, sua expressão mais dramática. É importante considerar a aceleração crescente do trem, a velocidade vertiginosa com a qual se aproxima do desastre.

De fato, a catástrofe já começou e nós nos encontramos numa corrida contra o tempo para tentar impedir, conter e parar essa fuga futura, cujo resultado será a elevação da temperatura do planeta – e entre outras consequências, a desertificação de territórios imensos, a elevação do nível do ar, o desaparecimento de grandes cidades litorâneas: Veneza, Amsterdam, Hong Kong, Rio de Janeiro.

Uma revolução é necessária, escreveu Benjamin, para frear essa corrida. Ban Ki-Moon, secretário das Nações Unidas, que não tem nada de revolucionário, fez o seguinte diagnóstico no jornal *Le Monde* em 5 de setembro de 2009: "nós", referindo-se, sem dúvida, aos governantes do planeta, "enfiamos o pé no acelerador e nos precipitamos para o abismo".

Walter Benjamin escolheu a metáfora da "tempestade" para representar o progresso destrutivo que acumula catástrofes. O mesmo termo está no título do último livro de James Hansen, climatologista da Nasa e um dos maiores especialistas em mudança climática no mundo: *Tempestade dos meus netos: mudanças climáticas e as chances de salvar a humanidade*. Hansen também não é um revolucionário, mas a análise que faz da "tempestade" – que para ele, como para Benjamin, é a imagem de algo bem mais ameaçador – é de uma lucidez impressionante.

A humanidade conseguirá acionar o freio revolucionário? Cada geração, escreve Benjamin nas Teses de 1940, recebeu uma "frágil força messiânica": a nossa também. Se não a utilizarmos "antes de um momento quase calculável da evolução econômica e social, tudo estará perdido" – para usarmos a fórmula do "aviso de incêndio" de Benjamin em 1928.

Com raras exceções, temos pouco a esperar dos governantes do planeta. A única esperança são os movimentos sociais reais, entre os quais um dos mais importantes hoje é o das comunidades indígenas, em particular na América Latina. Após o fracasso da Conferência das Nações Unidas sobre o Clima em Copenhague, reuniu-se em 2010, em Cochabamba na Bolívia, a Conferência Mundial dos Povos sobre Mudanças Climáticas e Direitos da Mãe Terra (Pachamama), convocada pelo presidente Evo Morales, que se solidarizou com os protestos de rua na capital dinamarquesa.

As resoluções adotadas em Cochabamba correspondem, quase termo a termo, ao argumento de Benjamin sobre o tratamento criminoso que a civilização ocidental capitalista dá à natureza – enquanto as comunidades tradicionais a consideram uma "mãe generosa".

Walter Benjamin foi um profeta. Não daqueles que dizem prever o futuro, como o oráculo grego, mas no sentido dado pelo Antigo Testamento: aquele que chama a atenção do povo para as ameaças futuras. Suas previsões são condicionais: "é isso o que acontecerá, a menos que...", "exceto se...".

Nenhuma fatalidade: o futuro permanece aberto. Como afirma a Tese XVIII *Sobre o conceito de história*, cada segundo é a porta estreita pela qual pode vir a salvação.

# Apêndice
# Entrevista de Michael Löwy a Paolo Colosso

**Paolo Colosso:** *O "aviso de emergência" estrutura um eixo central de sua leitura, que é a crítica de Benjamin ao progresso. Entretanto, em textos dos anos 1930, quando analisa transformações em técnicas e linguagens artísticas, Benjamin explora contradições desses avanços técnico-produtivos, identificando possibilidades e riscos para as artes. O "Obra de arte na época de sua reprodutibilidade técnica" é o exemplo mais paradigmático, mas vale também para "Experiência e pobreza". Como o senhor insere esses textos em sua leitura?*

**Michael Löwy:** Para mim, esses textos, e algum outro desta época ("O autor como produtor"), correspondem a um curto período (1933-35) em que Benjamin parece se aproximar do "marxismo produtivista" da União Soviética. É uma espécie de tentativa experimental, que logo será abandonada. Isso não quer dizer que esses escritos não têm interesse: o problema é que eles tendem a valorizar muito o progresso técnico-produtivo. Desse ponto de vista, eles constituem um parêntese em sua obra, em contraste com seus escritos anteriores e também com seus escritos a partir de "O narrador" (1936). O mais importante desses escritos é sem dúvida o ensaio sobre a obra de arte (1935), mas é um texto bastante ambivalente. Em certos momentos parece lamentar a perda da aura da obra de arte, este aspecto indefinível que remonta às origens cultuais da atividade artística; em outras passagens celebra, de forma bastante incondicional, o valor artístico e político do cinema, a arte não aurática por excelência (não possui a "obra original"). Por isto o ensaio foi objeto de interpretações antagônicas, alguns o acusando de "nostálgico do passado", senão "reacionário", e outros de excessivamente otimista em relação às novas técnicas. O melhor do texto me parece a conclusão: contra a estetização da política dos fascistas, os revolucionários propõe a politização da arte!

E interessante ressaltar que mesmo durante esta época "marxista soviética" (com muitas aspas), Benjamin continua a se interessar por questões teológicas, como testemunha seu artigo sobre Franz Kafka (1934) e a longa correspondência com Gershom Scholem a propósito do messianismo do escritor de Praga.

**PC**: *A certa altura o senhor fala numa "reabertura da história" por Benjamin, o que nos remete à "história aberta" de Jeanne Marie Gagnebin, que é uma grande referência para os estudos benjaminianos no Brasil. Gostaria que o senhor retomasse o que há em comum e, em que medida, há tônicas distintas nas leituras de vocês?*

**ML**: Com efeito, temos muito em comum, e o aspecto que você ressalta, a "história aberta" é um deles. Nossas leituras da política de Benjamin e de sua relação com o marxismo também são bastante próximas. Aprendemos muito um do outro. Nem sempre estou de acordo com Jeanne-Marie, mas tenho uma grande admiração pela profundidade e coerência de seus escritos sobre Benjamin.

Entre as "tônicas distintas", eu indicaria a questão do romantismo e a valorização da pré-história. Em seu belo livro, *História e narração em Walter Benjamin*, ela me critica por atribuir um significado "arcaico" ao conceito de *Urgeschichte* em Benjamin, em função de uma leitura romântico/revolucionaria. Outro desacordo é o papel da teologia. Jeanne-Marie parece duvidar do caráter propriamente religioso da teologia de Benjamin, o que não me convence.

**PC:** *É evidente que a teoria da revolução em Benjamin prevê uma transformação social, que inclui uma transformação na estrutura de sensibilidade dos sujeitos, ou se quisermos dizer de outro modo, há aí uma teoria da experiência. Entretanto, seus textos se detêm menos neste tópico. Há alguma razão para isso?*

**ML**: No meu trabalho a questão da experiência em Benjamin aparece, sobretudo, em sua crítica ao capitalismo, responsável pelo declínio da experiência no mundo moderno. Não sei se a teoria da revolução em Benjamin implica uma transformação da experiência. A experiência que conta para ele é a da luta de classes, na qual se desenvolve a confiança, a coragem, a intransigência e o humor das classes oprimidas. Evidentemente, essa experiência é decisiva para a transformação revolucionária.

**PC:** *Há leitores que ainda insistem num sobrepeso de sua leitura no saudosismo de Benjamin. Por que o senhor acha que isso ocorre e como costuma responder a esta objeção?*

**ML**: Não sei o que entende por "saudosismo"... Seria a nostalgia romântica pelo passado pré-moderno, a referência a um "paraíso perdido" situado na "aurora da história"? Acho que é um aspecto importante do pensamento de Benjamin, sem o qual não se pode entender, por exemplo, a Tese IX sobre o "Anjo da História", onde a tempestade do progresso nos afasta do paraíso. O tema não é exclusivo de Benjamin: o encontramos também em Marx e Engels, quando se referem, com grande admiração, ao "comunismo primitivo". Engels contrasta a liberdade do indígena da Federação dos Iroquêses na América do Norte com a escravidão do proletário moderno. Seria "saudosismo" se Benjamin e Engels propusessem uma volta ao passado, uma regressão ao modo de vida das comunidades pré-modernas. Mas não se trata disso. A nostalgia do passado é investida no projeto utópico/revolucionário do futuro. No comunismo moderno, voltarão a se encontrar a igualdade e a liberdade das sociedades primitivas, mas sob uma outra forma. Muitos marxistas e pessoas de esquerda ainda acreditam no progresso e veem com desconfiança qualquer referência ao passado pré-capitalista, qualquer crítica romântica à civilização burguesa em nome de valores pré-modernos. Sem dúvida, dou mais peso a esse aspecto na obra de Benjamin do que a maioria de seus intérpretes ou leitores. Eu assumo esse pecado.

**PC**: *A meu ver, um dos pontos mais interessantes de sua leitura sobre Benjamin é a relação deste com as grandes cidades, como lugar estratégico da luta de classes. Do ponto de vista do diagnóstico, a leitura deixa mais claro como a classe dominante se vale da produção de um espaço urbano, que se torna coerente com seus anseios e necessidades. Do ponto de vista das lutas, essa perspectiva mostra que mesmo a classe operária do século XIX não era apenas centrada na greve de fábrica, mas já se valia do espaço em suas insurreições. Como o senhor chegou a esses* insights *e o que eles têm a dizer sobre o tempo-de-agora?*

**ML**: Lendo com atenção o que Benjamin escreve no livro das *Passagens* sobre barricadas, haussmanizaçâo etc., se percebe claramente este momento. Outras leituras não ignoram este aspecto, mas geralmente não o interpretam sob o ângulo da luta de classes, mas de uma perspectiva urbanística, arquitetural etc. Com efeito, me parece uma questão muito atual. Menos em termos de construção de barricadas (embora seja uma forma de luta que não se pode excluir!), mas pelo desenvolvimento da luta de classes no espaço urbano, em torno de questões como a habitação – os protestos contra as expulsões por divida –, os serviços públicos, o preço do transporte, a repressão policial etc. A ocupação semi-insurrecional de praças publicas – Plaza del Sol en Madrid, Sintagma em Atenas, Wall Street em Nova Iorque – é uma outra expressão espetacular desta utilização do espaço urbano por movimentos contestatórios. Esses movimentos incluem as classes exploradas, mas também muitos jovens, donas de casa, pessoas de classe média, intelectuais etc.

**PC:** *Em tempos regressivos, de encurtamento de horizontes, a aposta numa transformação radical tende a se tornar mais distante. Todavia, para as forças vivas que não se deixam bloquear, uma "revolução" parece ainda mais necessária. Que conselhos o senhor nos daria para lidar nesses momentos de crise civilizatória?*

**ML**: Walter Benjamin escreveu suas Teses *Sobre o conceito de história* em 1940, num momento trágico: como escreveu Victor Serge, era meia-noite no século. A União Soviética tinha assinado um acordo com a Alemanha nazista, traindo a causa antifascista. O Terceiro Reich de Adolf Hitler tinha ocupado a França e a maioria dos países europeus. Ainda assim Benjamin conclui seu texto escrevendo: "Cada segundo é a porta estreita pela qual pode passar o Messias" – isto é, a Revolução. Num artigo de 1929, Benjamin chamava os revolucionários a "organizar o pessimismo", isto é, sem ilusões otimistas, organizar o combate para impedir o *pessimum*. Hoje em dia assistimos a uma impressionante onda reacionária, muitas vezes semifascista ou fascista, em grandes partes do mundo – incluindo, obviamente, o Brasil. Por outro lado, estamos confrontados com a crise ecológica, a mais séria crise civilizatória da história humana. Walter Benjamin escreveu, discordando de Marx, que as revoluções não são a locomotiva da história, mas a humanidade que puxa os freios de emergência. Isso me parece muito atual: somos todos passageiros de um trem suicida, a Civilização Capitalista Industrial Moderna, que corre, com rapidez crescente, em direção a um abismo, a mudança climática, a catástrofe ecológica. É urgente conseguirmos parar esse trem: Revolução! É possível? Não sabemos. Mas como diz Brecht, quem luta pode perder; quem não luta já perdeu...

# Leia também

**Contra a miséria neoliberal**
Autor: Rubens Casara

Fala-se constantemente do neoliberalismo, atribuindo-lhe significados muito diferentes uns dos outros, numa espécie de inação verbal descontrolada. Casara tem razão em escrever que "o significante "neoliberalismo" é usado de tantas maneiras que acaba por se tornar uma espécie de conceito "guarda-chuva", um nome vago e impreciso". Tal imprecisão é uma fonte de erro no diagnóstico e também na resposta política ao fenômeno. Por conseguinte, qualquer trabalho acadêmico que vise definir rigorosamente o neoliberalismo e colocá-lo de novo no centro da discussão é uma salvação pública. Esse é o caso do livro de Rubens Casara que estás prestes a ler. O autor oferece ao leitor brasileiro uma entrada extremamente clara em toda uma série de análises e pesquisas que compõem o que poderia ser chamado, para usar uma expressão inglesa, neoliberalism studies, que têm se desenvolvido há cerca de vinte anos em nível internacional. Esses estudos permitiram corrigir uma sequência de erros, como o que consiste em identificar o neoliberalismo com uma completa abstenção do Estado na vida econômica e social. O neoliberalismo não é, e nem pode ser, no plano da prática algo "anti-Estado", como proclamado por doutrinas que são mais ligadas ao libertarismo do que propriamente neoliberais. É preciso dar ao termo o sentido mais exato que está presente nos trabalhos de pesquisa inspirados pelas intuições de Michel Foucault: de um certo tipo de governo de indivíduos, que, por sua vez, exige um certo exercício de poder por meio de um Estado forte, autoritário, por vezes violento, que visa uma nova articulação entre as esferas pública e privada.lises sobre o fascismo e revelam as principais articulações de resistência contra ele.

**Realismo Capitalista: É mais fácil imaginar o fim do mundo do que o fim do capitalismo?**
Autor: Mark Fisher

Após 1989, o capitalismo se apresentou com sucesso como o único sistema político-econômico aparentemente viável no mundo – uma situação que só começou a ser questionada para fora dos círculos mais duros da esquerda a partir da crise bancária de 2008, quando começa-se a entender a urgência de se desmontar a ideia de que "não existe alternativa". Este livro, escrito pelo filósofo e crítico cultural britânico Mark Fisher, desnuda o desenvolvimento e as principais características do "realismo capitalista", conceito que delineia a estrutura ideológica em que estamos vivendo. Usando exemplos de política, filmes, ficção, trabalho e educação, argumenta que o "realismo capitalista" captura todas as áreas da experiência contemporânea. Mas também mostra que, devido a uma série de inconsistências e falhas internas ao programa de realidade do Capital, o capitalismo é, de fato, tudo – menos realista.

**Antifa – O Manual Antifascista**
**Mark Bray**

"Focado e persuasivo... O livro de Bray é muitas coisas: a primeira história mundial do movimento antifa, um guia para novos ativistas e um registro dos conselhos dos militantes antifascistas do passado e do presente."

*Daniel Penny*

Desde que existe o fascismo, existe o antifascismo. Nascido da resistência a Mussolini e Hitler na Europa durante os anos 20 e 30, o movimento antifa chegou subitamente às manchetes em meio à oposição ao governo Trump, a ascensão da alt-right e o ressurgimento de grupos de supremacistas como o Klu Klux Klan.

Em uma inteligente e emocionante investigação, Mark Bray, historiador e um dos organizadores do Occupy Wall Street, nos oferece um olhar único de dentro do movimento, incluindo uma pesquisa detalhada da história da antifa desde suas origens até os dias de hoje – a primeira história mundial do antifascismo no pós-guerra

Baseado em entrevistas com antifascistas de todo o mundo, o livro detalha as táticas do movimento antifa e a filosofia por trás dele, oferecendo insights sobre a crescente, mas ainda pouco compreendida, resistência contra à extrema-direita.

**Por um populismo de esquerda**
Autora: Chantal Mouffe

Como podemos reagir frente a ascensão do populismo? Para filosofa política belga Chantal Mouffe, o "momento populista" que estamos testemunhando sinaliza para a crise mais aguda da hegemonia neoliberal. O eixo central do conflito será entre o populismo de direita e de esquerda. Ao estabelecer esta nova fronteira entre "o povo" e "a oligarquia", a estratégia populista de esquerda pode reunir novamente as múltiplas lutas contra subordinação, opressão e discriminação.
Essa estratégia reconhece que o discurso democrático desempenha um papel crucial no imaginário político de nossas sociedades. E, através da construção de uma vontade coletiva, mobilizando afetos comuns em defesa da igualdade e da justiça social, será possível combater as políticas belicosas e demagógicas promovidas pelo populismo de direita.
Ao redesenhar as fronteiras políticas, esse momento aponta para um "retorno do político" após anos de pós-política. O retorno pode abrir caminho para experienciais autoritárias – através de regimes que enfraquecem as instituições democráticas liberais -, mas também pode levar a uma reafirmação e extensão dos valores democráticos.

Desenho de capa: mural *La Educación* de Miguel Alandia Pantoja (1914 -1975).

Este Livro foi composto em Avena 80g
Fontes: Minion Pro e Big Caslon FB